독독독 독일어 모의고사

MODELLTEST FÜR

GOETHE
ZERTIFIKAT
B2

CEFR
COMMON EUROPEAN FRAMEWORK

 독독독

독일어 모의고사 Goethe-Zertifikat B2

초판 1쇄 발행 | 2024년 3월 31일
지은이 | Maria Loitzenbauer, Elena Kubitzki

디자인 | 백현지

발행인 | 안희철
펴낸곳 | 노이지콘텐츠(주)
출판등록 | 2014년 1월 17일 (등록번호 301-2014-015)
주소 | 서울특별시 영등포구 경인로 755, 6호 2층, 3층 (문래동3가)
전화 | 02-775-0582
팩스 | 02-733-0582
이메일 | info@noisycontents.com

www.dasdeutsch.com

ISBN 979-11-6614-707-4(13750)

* 본 책은 저작권법에 의해 보호를 받는 저작물이므로 무단 전재와 복제를 금합니다.
* 잘못된 책은 구입처에서 교환하여 드립니다.

차례

머리말 5

응시 전에
시험 안내 6
영역별 안내 8

Modelltests
Modelltest 1 17
Modelltest 2 39
Modelltest 3 61

정답
Modelltest 1 84
Modelltest 2 90
Modelltest 3 96

*교재에 수록된 지문의 내용은 허구이며, 실제 사실과는 다를 수 있습니다.

머리말

<독독독 독일어 모의고사 Goethe-Zertifikat B2>를 보고 계신 여러분은 이미 B2 공부를 마치고, 이제 B2 단계를 마무리 짓고 싶을 것입니다. 그리고 마무리하는 과정으로 B2 어학 자격증을 취득하거나, 아니면 자신이 B2에서 필요한 내용을 잘 학습하였는지 확인해 보고 싶은 분도 있을 것입니다.

본 교재는 위와 같은 학습자를 대상으로 Goethe-Zertifikat B2의 실제 시험 유형을 익히고 준비하는 데 도움을 주고자 제작되었습니다. 여러분은 이 교재를 시험 직전에 유형을 파악하는 용도로 사용할 수도 있고, 혹은 시험에 응시하지 않더라도 자신의 실력이 어느 정도인지 확인하는 용도로 사용할 수도 있습니다.

위와 같은 목적에 충실한 교재를 만들기 위해, 전반적인 시험 안내와 모의고사 3회라는 간결한 구성으로 교재를 제작하였습니다. 덕분에 분량은 부담 없지만, 그만큼 더 목표에 집중한, 깊이 있는 교재를 제작할 수 있었습니다. 군더더기 없이 꼭 필요한 내용을 원하는 학습자에게 맞춤 교재가 될 것입니다.

교재 구성 및 중요 안내

본 교재는 크게 세 부분으로 나뉩니다. 첫 번째 부분인 **응시 전에**는 전반적인 Goethe-Zertifikat B2 시험 안내를 실었고, **Modelltests**에는 실제 시험 유형에 맞는 모의고사 3회분을, 마지막에는 **정답**을 실었습니다.

- **응시 전에**는 시험 소개, 응시 원서 접수 방법, 시험 구성 등 사전에 알아야 할 사항을 담았습니다. 이어서 시험 진행 순서와 방식 등 Goethe-Zertifikat B2 시험이 어떻게 진행되고 문제 유형이 어떠한지 상세히 설명하여 실제 시험을 볼 때 도움이 될 수 있도록 하였습니다.

- **Modelltests**에는 시험을 보는 감각과 경험을 최대한 재현할 수 있도록 문제를 배치하고 출제하였으니, 이 점을 충분히 활용하여 실제 시험을 보듯이 시간을 맞춰서 모의고사를 풀어 보시기 바랍니다. 모의고사에 실은 문제는 B2 수준에 맞는 내용과 시험 출제 의도를 충분히 반영하여 시험 준비에 실질적으로 도움이 될 수 있도록 연구한 결과입니다.

- **중요! 듣기 시험 음성**은 Hören 시험 첫 장에 있는 QR 코드에 연동된 주소에서 들을 수 있습니다. 듣기 음성 파일은 하나의 모의고사당 1개의 파일로 만들어져 있으며, 해당 음성 파일은 실제 시험시간을 고려하여 음성 시작부터 끝부분까지 실제 시험시간 내 정답 작성 시간이 포함되도록 제작되었습니다. 듣기 시험 시작 직전 파일을 재생하시고 파일 재생이 끝나기 전 반드시 모든 Teil의 정답 체크를 완료해야 합니다. 듣기 시험 Teil 간 아무 음성이 들리지 않는 재생 시간 안에 해당 Teil 정답을 체크해야 합니다.

- **정답**에는 듣기, 읽기 시험 정답과 쓰기, 말하기 시험 예시 정답을 실었습니다. 여기에 더해 좀 더 깊이 학습하고 싶은 분을 위해 각 Modelltest 정답에 정답 해설과 듣기 지문을 내려받을 수 있는 QR 코드를 함께 제공해 드립니다.

이제 준비되셨나요?

Wir wünschen Ihnen viel Erfolg und Spaß mit den Übungsprüfungen und drücken Ihnen die Daumen für die Zertifikatsprüfung.

Toi toi toi!

시험 안내

Goethe?

Goethe-Zertifikat는 독일 문화원 (Goethe-Institut, 괴테 인스티투트)에서 주관하는 CEFR(유럽 언어 공통 기준)에 따라 외국어 능력을 평가하는 어학 시험입니다. Goethe-Zertifikat 어학 자격증은 국제적으로 인정받고 실시되는 공인 어학 자격증으로, 한국을 포함한 90개국 이상의 괴테 인스티투트에서 응시할 수 있습니다.

그 가운데 본 교재가 다루는 Goethe-Zertifikat B2는 유럽 언어 공통 기준에 따라 괴테 인스티투트가 만든 독일어 능력 인증 시험입니다. Goethe-Zertifikat B2 시험은 총 네 개의 모듈로 구성되며, 시험 기관에 따라 디지털 방식 또는 시험지 기반 방식으로 치러집니다. 시험은 전 세계 동일한 기준으로 시행되고 채점합니다.

원서 접수

- Goethe-Zertifikat B2 시험은 괴테 인스티투트 홈페이지를 통하여 온라인으로만 접수가 가능합니다.
- 시험 신청 시에 goethe.de 가입은 필수이며, 빠른 온라인 접수를 위해서 접수 전에 미리 가입하시길 권장합니다.
- 온라인 접수 시 카드 결제를 선택한 경우 등록확인서가 첨부된 메일을 받습니다.
- 다른 결제 수단 (계좌이체 또는 현장 지불)을 선택하면 청구서가 첨부된 예약 확인 메일이 발송됩니다.
- 시험 신청 다음 날까지 결제가 확인되지 않으면 시험 접수는 자동 취소됩니다.
- 수험료 결제를 완료한 수험생에게는 시험 신청 기간이 종료된 후 업무일 기준 7일 이내로 수험표와 시험 안내문이 메일로 발송됩니다.

준비물

- 신분증[1]
- 검은색 볼펜 (0.7mm 권장) / 연필, 컴퓨터용 사인펜, 수정테이프는 사용 불가합니다.
- 아날로그 손목시계 (전자식은 불가하며 필수 준비물은 아닙니다. 고사장 내 시계 준비 여부는 시험 장소 사정에 따라 달라질 수 있습니다.)
- 사전, 전화기, 기타 전자 기기 등은 사용할 수 없습니다.

응시 대상

- 독일에서의 대학 진학을 준비 중인 사람
- 취업을 위해 독일어 중급 실력을 증명해야 하는 사람
- 의학 분야에서의 활동을 계획하고 있는 사람
- B2 과정을 성공적으로 이수했음을 증명하고자 하는 사람
- 세계적으로 인증된 공식 증명서를 원하는 사람

---

[1] **대학생/일반인:** 주민등록증, 운전면허증, 기간 만료 전인 여권(주민등록번호가 없는 여권은 '여권 정보 증명서'를 함께 제시해야 신분증으로 인정)
초/중/고생: 청소년증, 학생증, 기간 만료 전인 여권(주민등록번호가 없는 여권은 '여권 정보 증명서'를 함께 제시해야 신분증으로 인정)
외국인: 외국인 등록증, 기간 만료 전인 여권

구성

읽기 65분

온라인 커뮤니티 포스팅이나 신문/잡지 기사, 사설, 지침 등을 읽은 뒤 주요 정보와 중대한 세부 정보들(입장, 의견, 규칙)을 요약합니다.

듣기 약 40분

인터뷰나 강연, 대화, 일상생활 속 표현들이나 라디오 방송에서 발췌한 의견 등을 듣고, 주요 메시지 및 중대한 세부 정보들을 요약합니다.

쓰기 75분

시사성 있는 주제에 관한 온라인 커뮤니티 포스팅을 읽은 뒤 자신의 의견을 피력하고, 그 근거를 제시합니다. 나아가 직업과 관련된 공식 메시지 한 건을 작성합니다.

말하기 약 15분

주어진 주제에 대한 짧은 발표를 들은 뒤 파트너와 해당 주제에 대해 대화를 나누고 토론을 통해 서로의 주장을 교환합니다.

응시 요건

- Goethe-Zertifikat B2는 성인 및 청소년을 위한[2] 독일어 능력 증명 시험이며, 언어에 관한 유럽공통참조기준(GER)의 능력 단계 B2에 상응하는 언어 능력을 요구하는 시험입니다.
- 이 단계에 도달하기 위해서는 사전 지식과 학습 요건에 따라 약 600~800단위의 수업(단위당 45분) 이수를 권장합니다.

합격증이 인증하는 독일어 능력

- 구체적 혹은 추상적 주제에 대한 복잡한 텍스트의 주요 내용을 이해하며 자신의 특수 분야에 대한 전문적 토론을 이해할 수 있습니다.
- 즉흥적이고 막힘없는 의사소통이 가능하여 모국어 사용자 간의 평범한 대화에서 큰 무리 없이 쌍방 간의 이해가 가능합니다.
- 광범위한 주제에 대해 명확하고 자세하게 표현할 수 있으며, 특정 현안에 대해 입장을 설명하고 다양한 해결책에 내포된 장단점을 제시할 수 있습니다.

성적 확인과 합격증[3] 수령

- 시험 결과는 주한독일문화원의 goethe.de에서 공지된 성적 발표 일시에 확인할 수 있습니다.
- 최초 발급된 합격증은 우편 또는 방문을 통해 수령 가능합니다.

---

2 성인 시험과 청소년 시험은 난이도 차이는 없으나, 시험 문제에서 다루어지는 주제가 다릅니다. 청소년 시험의 모든 모듈에서 다루어지는 주제는 청소년 활동과 관련되어 있습니다. 청소년 시험의 권장 연령은 만 12세 - 만 16세입니다.

3 - B2 통합 합격증은 온라인 신청만 가능하며, 발행 비용은 30,000원입니다. 1인 1매만 신청할 수 있습니다.
   - B2 통합 합격증은 발행 요청일 기준 1년 이내에 4개 모듈을 합격한 이력이 있는 경우에만 신청할 수 있습니다.
   - 성인 시험과 청소년 시험의 합격증 형태는 동일하며, 1년 이내에 성인 및 청소년 시험에서 4개의 모듈을 합격한 경우에는 두 시험을 묶어서 통합 합격증으로 발행할 수 있습니다.

영역별 안내

Lesen 읽기 · 65분

읽기 시험의 목표는 정보 습득과 지시 이해이며, 총 다섯 부분으로 나뉩니다. 배점은 문항당 1점씩이며, 해당 점수는 3.33을 곱한 뒤 반올림하여 100점 만점으로 환산합니다.

Teil	목표	지문 종류	문제 유형	문항 수, 배점
1	선택적 읽기	기고문	짝 맞추기	9
2	상세히 읽기	기사	빈칸 채우기	6
3	전체적 읽기	기사	삼지 선다	6
4	전체적 읽기	기고문	짝 맞추기	6
5	선택적 읽기	안내문	짝 맞추기	3

Hören 듣기 · 약 40분

듣기 시험의 목표는 정보 습득과 지시 이해이며, 총 네 부분으로 나뉩니다. 배점은 문항당 1점씩이며, 해당 점수는 3.33을 곱한 뒤 반올림하여 100점 만점으로 환산합니다.

Teil	목표	지문 종류	문제 유형	문항 수, 배점
1	선택적 듣기	짧은 음성	옳고 그름 고르기 & 삼지선다	10
2	전체적 듣기	인터뷰	삼지선다	6
3	상세히 듣기	담화	짝 맞추기	6
4	전체적 듣기	짧은 강연	삼지선다	8

Schreiben 쓰기 · 75분

쓰기 시험의 목표는 정보 습득과 지시 이해, 의견 제시이며 두 부분으로 나뉩니다. 쓰기 시험은 최대 100점으로 2인의 채점자가 정해진 채점 기준에 따라 채점합니다. 종합 점수는 두 채점자 점수의 산술 평균으로 구하고, 소수점 이하는 반올림합니다.

Teil	형식	글의 종류	문제 유형	문항 수	배점
1	주제에 관하여 논하기	기고문	짧은 글 적기	1 (약 150자)	100
2	편지 쓰기	편지	편지 쓰기	1 (약 100자)	

Sprechen 말하기 · 약 15분

말하기 시험은 다른 응시자와 대화 상대로 짝을 지어 진행합니다. 두 부분으로 나뉩니다. 구술시험은 최대 100점으로, 2인의 채점자가 정해진 채점 기준에 따라 채점합니다. 이 중 Teil 1에서 44점, Teil 2에서 40점, 발음에서 16점을 취득할 수 있으며, 종합 점수는 두 채점자 점수의 산술 평균으로 구한 뒤에 정수로 반올림합니다.

Teil	목표	유형	시간(분)	배점
1	특정 주제에 관하여 발표하기	발표	(각) 4	44
2	특정 주제에 관하여 토론하기	토론	5	40
		발음		16

시험 진행에 앞서

전체 시험 일정은 크게 두 부분으로 나뉩니다. 먼저 지필 시험에 해당하는 읽기, 듣기, 쓰기 시험을 진행합니다. 소요 시간은 대략 180분가량이며 각각의 모듈 사이에는 최소 15분의 쉬는 시간이 주어집니다. 그 뒤 구술시험을 진행합니다. 구술시험은 지필 시험과 같은 날에 진행할 수도, 다른 날에 진행할 수도 있으며, 이는 괴테 인스티투트 홈페이지의 시험 일정 및 안내에서 확인할 수 있습니다.

구술시험은 보통 다른 응시자와 짝을 지어 진행되지만, 혹시라도 구술시험 응시자 수가 홀수라 짝이 없는 경우 시험관 중 한 명이 대화 상대를 맡습니다.

배점은 각 모듈별 100점 만점으로, 각 모듈에서 최소 60점 이상씩을 취득하면 합격입니다.

총점	성적
100~90	sehr gut
89~80	gut
79~70	befriedigend
69~60	ausreichend
59~0	teilgenommen

시험 진행

지필 시험

1. Aufgabenheft와 Antwortbogen, 그리고 필요에 따라 직인이 찍힌 메모 용지를 나눠 줍니다. 개인 정보란을 우선 채우세요.
2. 먼저 읽기 시험부터 시작합니다.
3. 65분간 진행되는 읽기 시험이 끝나면 시험관은 나누어 주었던 모든 종이를 회수합니다. 그 후 약 15분간의 쉬는 시간이 주어집니다.
4. 쉬는 시간이 끝나면 이어서 약 40분간의 듣기 시험이 시작됩니다. 이때 시험 감독관은 듣기 시험을 위해 녹음기를 재생합니다. 마찬가지로 시험이 끝나면 시험 감독관은 나누어 주었던 모든 종이를 회수합니다.
5. 15분간의 쉬는 시간 후 쓰기 시험이 시작됩니다. 75분간 진행되는 쓰기 시험이 끝나면 나누어 주었던 모든 종이를 시험 감독관이 회수합니다.

구술시험

1. 구술시험 준비실에 입실하면 감독관이 시험지를 나누어줍니다. 구술시험을 위한 메모는 추가로 배분된 날인된 메모 용지에 할 수 있습니다. 준비 시간 동안에 작성한 핵심 단어 위주의 메모를 구술시험 중에 사용할 수 있습니다.
2. 시험관은 두 명이며, 시험관이 우선 자신을 소개한 뒤 응시자들과 짧게 대화를 나눕니다. 이러한 도입 대화는 약 1분간 진행되며, 그 후 모든 시험 과제를 설명하고 시험 진행을 안내합니다.
3. Teil 1에서 응시자들은 각기 한 가지 주제에 대해 순서대로 발표합니다. 이때 해당 주제에 대한 개요를 알려주고, 몇 가지 대안들을 제시하며, 그중 한 가지 가능성에 대해 자세히 묘사하고, 장단점과 자신의 견해를 발표함으로써 프레젠테이션을 마무리합니다. 발표가 끝난 뒤 나머지 1인의 응시자와 진행을 맡은 시험관이 질문을 제시하며, 이에 대하여 답해야 합니다. 한 사람에게 할당된 시간은 약 4분입니다.
4. Teil 2에서 응시자들은 논쟁거리가 있는 한 개의 주제에 대해 토론합니다. 이때 응시자 모두 각자의 의견을 피력하고 대화 파트너의 의견에 반응해야 합니다. Teil 2는 총 5분간 진행됩니다.
5. Teil 2까지 마치면 시험관은 시험 종료를 알립니다. 시험이 종료되면, 메모 용지를 포함한 모든 시험 자료를 회수합니다.

영역별 상세 안내

Lesen 읽기

읽기 시험은 65분 동안 진행됩니다. 가능하면 문제를 풀면서 Antwortbogen에도 답을 기입하기를 추천드립니다.

Teil 1

주제에 대한 각 사람의 의견을 읽고 문제 아홉 개를 풀어야 합니다. 각 문제는 주어진 문제가 어떤 사람의 주장에 해당하는 지를 고르는 것으로, 주어진 내용에 기반하여 답변을 골라야 합니다. 배점은 문항당 1점입니다.

Teil 2

기사를 읽고 빈칸에 들어갈 알맞은 문장을 골라야 합니다. 빈칸은 총 여섯 개이지만 주어진 문장은 여덟 개이기 때문에 문맥상 가장 적절한 문장을 골라야 합니다. 배점은 문항당 1점입니다.

Teil 3

기사를 읽고 여섯 문제를 풀어야 합니다. 각 문제에는 a, b, c로 보기 세 개가 있으며, 지문에 나와 있는 내용과 알맞은 답변을 골라야 합니다. 배점은 문항당 1점입니다.

Teil 4

주어진 제목이 어떤 구독자 의견에 어울리는지를 고르는 문제입니다. 제목은 총 여섯 개이지만 구독자 의견은 여덟 개이기 때문에 제목에 가장 적합한 의견이 무엇인지를 파악해야 합니다. 배점은 문항당 1점입니다.

Teil 5

안내문의 세부 항목 세 개가 주어지고, 각 항목에 해당하는 제목을 목차에서 고르는 문제입니다. 문항은 세 개이지만 제목은 여덟 개이기 때문에 내용상 가장 적절한 제목을 골라야 합니다. 배점은 문항당 1점입니다.

Hören 듣기

듣기 시험은 약 40분 동안 진행됩니다. 실제 상황처럼 주변 소음이 함께 나오는 듣기 지문도 있지만, 받아쓰기가 아니고 필요한 정보만 들으면 되기에 너무 걱정하실 필요는 없습니다. 문제를 풀 때는 먼저 Aufgabeheft에 답을 표시한 다음, 마지막에 Antwortbogen에 옮겨 적으면 됩니다. 문제를 옮겨 적을 시간이 약 5분 주어집니다.

> 본 교재의 듣기 시험 음성은 각 Hören 시험 첫 장에 있는
> QR 코드에 연동된 주소에서 들으실 수 있습니다.
> 제공되는 파일은 모든 Teil을 한 번에 재생할 수 있는 파일로,
> 실제 시험처럼 문제 풀이에 임하실 수 있어요!

Teil 1

안내 및 뉴스, 일상대화 등 여러 가지 상황에 대한 짧은 음성 듣기입니다. 들려주는 음성은 다섯 개, 풀어야 할 문제는 총 열 개로, 음성을 듣고 먼저 옳고 그름을 고르는 문제를 풀고, 다음으로 a, b, c 가운데 질문의 대답으로 적절한 하나를 골라 답해야 합니다. 각 음성은 한 번씩 들려주며, 배점은 문항당 1점입니다.

Teil 2

라디오 인터뷰를 듣고 a, b, c 가운데 질문의 대답으로 적절한 하나를 골라 답하는 문제입니다. 음성은 두 번 들려주며, 배점은 문항당 1점입니다.

Teil 3

사회자와 두 출연자의 라디오 담화를 듣고 푸는 문제입니다. 우선 예제 음성을 들은 뒤, 이어지는 대화를 듣고 어떤 사람의 의견인지를 고르는 문제입니다. 배점은 문항당 1점입니다.

Teil 4

특정 주제에 관한 짧은 강연을 듣고 푸는 문제입니다. 음성은 두 번 들려주며, 주어진 질문에 관해 a, b, c 중 대답으로 적절한 하나를 골라 답해야 합니다. 배점은 문항당 1점입니다.

Schreiben 쓰기

쓰기 시험은 75분 동안 진행되며, 시험이 진행되는 동안 답을 바로 답안지에 적어야 합니다. 적절한 시간 배분이 중요합니다.

Teil 1

특정 주제에 관하여 짧은 기고문을 쓰는 문제입니다. 약 150자 내외로 작성해야 하며, 서론과 결론을 비롯하여 문제 안에 주어진 정보가 모두 들어감과 동시에 주제에서 벗어나지 않도록 유의해야 합니다.

Teil 2

특정 상황에 관한 지시문과 함께 정보가 네 가지 제공되고, 이를 활용해 편지나 이메일을 쓰는 문제입니다. 주어진 정보가 모두 들어가야 하며, 약 100자 내외로 알맞은 양식에 맞춰 적어야 합니다.

Sprechen 말하기

말하기 시험은 시험관 두 명이 참석한 가운데, 다른 응시자가 대화 상대로 함께 응시하며 총 두 부분으로 나뉩니다. 먼저 시험관이 응시자에게 인사하고 간단한 대화를 이어갑니다. 그 이후 간단히 시험을 소개하고 응시자들의 시험 진행 순서를 정합니다. 소요 시간은 약 15분입니다.

> 만약 질문을 잘 못 들었거나 이해하지 못했을 경우 되물어 볼 수 있습니다.
> „Könnten Sie das bitte wiederholen?" (다시 한번 말씀해 주세요)나
> „Bitte sprechen Sie langsamer!" (더 천천히 말씀해 주세요)를 활용해 보세요!

Teil 1

두 가지 주어진 주제 중 한 가지를 골라서 짧은 발표를 하는 시험입니다. 함께 제시된 슬라이드에 유의하여 발표의 구조를 짜야 합니다. 발표가 끝나면 파트너와 시험관이 질문을 하고, 그에 대하여 답해야 합니다. 한 사람당 약 4분 동안 진행됩니다.

Teil 2

주어진 주제에 관하여 파트너와 토론을 해야 하며, 주제와 함께 제공된 정보가 모두 들어가야 합니다. 약 5분간 진행됩니다.

MODELLTEST
1

Goethe-Zertifikat B2　Lesen
Modelltest 1　Kandidatenblätter

Modelltest 1

Kandidatenblätter

Lesen
65 Minuten

Das Modul *Lesen* hat 5 Teile.
Sie lesen mehrere Texte und lösen Aufgaben dazu. Sie können mit jeder Aufgabe beginnen. Für jede Aufgabe gibt es nur eine richtige Lösung.

Vergessen Sie bitte nicht, Ihre Lösungen innerhalb der Prüfungszeit auf den **Antwortbogen** zu schreiben.

Bitte schreiben Sie deutlich und verwenden Sie keinen Bleistift.

Wörterbücher und Mobiltelefone sind nicht erlaubt.

Goethe-Zertifikat B2 — Lesen

Modelltest 1 — Kandidatenblätter

Teil 1   vorgeschlagene Arbeitszeit: 18 Minuten

Sie lesen in einem Forum, was Menschen über private Bildungseinrichtungen denken.
Auf welche der vier Personen treffen die einzelnen Aussagen zu? Die Personen können mehrmals gewählt werden.

Beispiel

0   Wer hätte gerne an einer privaten Uni studiert?   **Lösung: a**

1   Wer denkt, in einer Privatschule erhält ein Kind mehr Aufmerksamkeit?

2   Wer findet, dass man besonders bei privaten Universitäten aufpassen sollte?

3   Wer sagt, dass es viel mehr Möglichkeiten an privaten Bildungseinrichtungen gibt?

4   Wer sagt, eine private Schule ist nicht automatisch besser?

5   Wer ist der Meinung, dass das Ansehen einer Bildungseinrichtung entscheidend ist?

6   Wer denkt, nach dem Abitur ist es egal, welche Schule man besucht hat?

7   Wer findet, dass Geld den Bildungsmarkt regiert?

8   Wer denkt, dass Qualität viel Geld kostet?

9   Wer findet, man sollte sich alle Möglichkeiten ansehen?

Teil 1

Private Bildungseinrichtungen

a Emil

Die Debatte über eine private oder öffentliche Schule habe ich schon mit 10 Jahren mit meinen Eltern geführt. Sie wollten mich unbedingt an eine katholische Privatschule schicken, aber ich hatte mit Religion nichts am Hut. Außerdem ist die Schule gar nicht so bedeutend, viel wichtiger ist das Abitur. Beim Abitur entscheidet sich, was man wo studieren kann. Meine Traumuni war für mich zwar nicht drin, aber das lag nicht an meinen Noten, sondern an den Studiengebühren. Die sind leider bei privaten Unis sehr hoch. Aber die besten Professoren, Bibliotheken und Labore kosten eben sehr viel. Diesen Standard können sich die meisten öffentlichen Einrichtungen nicht leisten. An meiner Uni habe ich das vor allem bei der Abschlussarbeit gemerkt. Ich wollte ein Experiment durchführen, aber meine Uni konnte mir die Geräte, die ich gebraucht hätte, nicht zur Verfügung stellen. Daher musste ich das Thema meiner Abschlussarbeit ändern. Auf einer privaten Uni wäre das bestimmt nicht passiert.

b Anna

Ich weiß, dass es in privaten Schulen höchstens 20 Schüler pro Klasse gibt. Durch die kleineren Klassen in Privatschulen haben die Lehrer mehr Zeit für jeden einzelnen Schüler. Aber Aufmerksamkeit alleine macht keine Schule besser. Viele Studien haben bewiesen, dass private Bildungseinrichtungen nicht unbedingt besser als öffentliche Schulen sind. Ich denke, dass es wichtig ist, die Schule zu finden, die zu einem selbst am besten passt. Denn nur so kann man sich vollkommen entfalten. Nach der Oberschule sollte man sich aber auch langsam Gedanken um den Ruf der Ausbildungsstelle machen. Bei Universitäten ist das Ranking sehr wichtig. Selbst wenn die Ausbildung nicht unbedingt besser ist, ist es für manche Arbeitgeber wichtig, an welcher Uni man studiert hat. Auch Networking funktioniert besser, wenn man den Abschluss an einer angesehenen Uni gemacht hat.

c Iris

Die Debatte über private oder öffentliche Bildungseinrichtungen schadet unseren Kindern nur. Schon im Kindergarten werden die Kleinen in gesellschaftliche Klassen eingeteilt. Da private Schulen automatisch als besser angesehen werden, leiden die Kinder an öffentlichen Bildungseinrichtungen unter Minderwertigkeitskomplexen. Dabei stimmt das doch gar nicht. Es gibt viele schlechte und mittelmäßige private Bildungseinrichtungen. Die öffentlichen Einrichtungen werden im Gegensatz dazu einem strengen Standard ausgesetzt und halten somit das Versprechen von guter Bildung. Besonders bei Universitäten fehlt im privaten Sektor der Überblick. Nur weil eine Universität eine schöne Webseite hat und teuer ist, heißt das noch lange nicht, dass es eine gute Universität ist. Es gibt auch viele Betrüger, die unwissende Studierende ausnutzen wollen. Daher sollte man sich gut über eine Uni informieren, bevor man sich einschreibt.

d Sebastian

Geld regiert die Welt und das ist auch in der Bildung nicht anders. Studien über Studien zeigen, dass die Herkunft, der Bildungsstand und das Einkommen der Eltern über den Bildungserfolg ihrer Kinder entscheidet. Wer genug Geld hat, kann seinen Kindern auch alle Möglichkeiten bieten. An privaten Bildungseinrichtungen können die Talente der Sprösslinge besser gefördert werden und man kann ein besseres Ergebnis erzielen. Dafür müssen die Kinder gar nicht in eine Privatschule gehen. Auch Nachmittagskurse oder private Nachhilfe können den Kindern neue Türen öffnen. Solange man dafür bezahlen kann, sind der Bildung keine Grenzen gesetzt. Wenn man sich nur auf die öffentliche Schule verlässt, haben die Kinder zwar viel Freizeit, aber sie lernen nicht, wie man diese Zeit richtig nutzen kann. Zwar kann jedes Kind ein bisschen Klimpern auf dem Klavier lernen, aber um an einer Musikuniversität angenommen zu werden, muss man privaten Unterricht nehmen. Oder wenn das Kind schon früh Interesse an Fremdsprachen zeigt, kann man durch private Tutoren dieses Interesse fördern und das Kind besser auf die Zukunft vorbereiten.

Wohnungsknappheit
Höhere Mieten und zu wenig Platz

In Deutschland gibt es seit einigen Jahren eine Wohnungsknappheit. Diese Knappheit betrifft vor allem die Großstädte, wie Berlin, München und Hamburg. Zudem werden die ärmeren Bevölkerungsschichten durch den Mangel an Sozialwohnungen besonders stark belastet.

[... 0 ...] Einer dieser Auslöser ist, dass einfach zu wenig neue Wohnungen gebaut werden und das schon jahrelang. In den 1970ern begann die Bevölkerung Deutschlands zu schrumpfen und es wurde vorausgesagt, dass die Bevölkerung weiterhin schrumpfen wird. [... 10 ...] Deutschland erlebte in den 1980ern wieder einen Aufschwung. Seitdem ist die Bevölkerung stetig gewachsen und dank der Urbanisierung sind die Städte noch stärker gewachsen. Aber in Deutschland sind die Ausstellungen von Baugenehmigungen sowie der Bauprozess sehr langsam. Daher hinkt Deutschland auch heute noch der Nachfrage hinterher und besonders in Großstädten gibt es zu wenig Wohnfläche.
[... 11 ...] Obwohl in den letzten Jahren die Bevölkerung nur um 3,5 % gestiegen ist, ist die Zahl der Haushalte um mehr als 17 % gestiegen. Daraus lässt sich schließen, dass es mehr Single- und Paarhaushalte gibt. Aus diesem Grund werden zunehmend kleinere und günstigere Wohnungen für Alleinlebende wie Studenten und Senioren benötigt. Aber Wohnungen werden vermehrt als finanzielle Anlage und Einkommensquelle gesehen. [... 12 ...] Die Wohnungsbesitzer konzentrieren sich auf sichere Investments in der Innenstadt und auf Luxuswohnungen für reiche Mieter und Feriengäste. Im Gegensatz dazu leben etwa 10 % der Bevölkerung in überbelegten Wohnungen und geben für ihre Wohnfläche mehr als 30 % ihres Einkommens aus. [... 13 ...]

Um das Problem der Wohnungsknappheit zu lösen, gibt es verschiedene Ansätze.
Zum einen ist es von Bedeutung, neue Wohnungen zu bauen, aber um dies zu vereinfachen, müssen zum Beispiel Baugenehmigungen schneller vergeben werden. [... 14 ...] Auch die Umwelt- und Sicherheitsauflagen müssen übersichtlicher und verständlicher gestaltet werden, um wiederholte Prüfungen und langjährige Prozesse zu vermeiden. Zudem muss mehr Geld in Sozialbauten gesteckt werden. Nur so kann die finanzielle Lücke zwischen arm und reich geschlossen werden.
Des Weiteren liegen wachsende und schrumpfende Städte oft in unmittelbarer Nähe voneinander. [... 15 ...] Eine bessere Anbindung kann auch der Belebung der Außenbezirke einer Stadt zugunsten kommen.

Teil 2

Beispiel:

0   Für diese Entwicklungen gibt es verschiedene Auslöser.

a   Deswegen versucht man, neue Firmen in den Außenbezirken anzusiedeln.

b   Das Interesse der Investoren an kleinen und günstigen Wohnungen ist dementsprechend gering.

c   Doch genau das Gegenteil war der Fall.

d   Dennoch nimmt die Zahl der staatlich geförderten Sozialwohnungen jährlich ab.

e   Ein weiterer Grund ist die geringe Geburtenrate.

f   Deswegen hofft man, durch bessere Verkehrsverbindungen die Migration einzudämmen.

g   Ein weiterer demographischer Faktor ist die Singularisierung.

h   Dazu werden mehr staatliche Institutionen und effizientere Genehmigungsverfahren benötigt.

Teil 3

vorgeschlagene Arbeitszeit: 12 Minuten

Sie lesen in einer Zeitung einen Artikel über das jüngste Mitglied im deutschen Bundestag.
Wählen Sie bei jeder Aufgabe die richtige Lösung.

Das jüngste Mitglied im Bundestag

Nach der Bundestagswahl 2021 waren sechs der 735 Abgeordneten unter 25 Jahre alt. Die jungen Abgeordneten stammen vorwiegend aus der grünen Partei. Nur zwei der sechs jüngsten gehören der SPD an. Am 1. Januar 2023 hat Emily Vontz (SPD) anstelle von Heiko Maas (SPD) ihren Dienst als Bundestagsabgeordnete angetreten.

Der Bundestag ist nach der Wahl 2021 um einiges jünger geworden. 2021 waren 30 % der Abgeordneten unter 40, bei der Wahl 2017 waren es nur 15 %. Emily Vontz ist seit ihrem Eintritt in den Bundestag das erste Mitglied, das nach der Jahrtausendwende geboren wurde und ab Ende April wird sie auch das einzige unter 25 sein. Vontz kandidierte auch bei der Bundestagswahl 2021. Sie verpasste mit Platz 4 auf der SPD-Landesliste im Saarland den Einzug in den Bundestag. Im Dezember 2022 erhielt sie einen Anruf von ihrem Vorgänger Heiko Maas, der seinen Rücktritt bekannt gab. Mit dem Rücktritt von Maas wurde ein Platz im Bundestag frei und da die Kandidaten vor Vontz schon im Bundestag sitzen, bekam die junge Saarländerin eine Chance.

Die junge Politikerin hat ganz bestimmte Ziele für ihre Zeit im Bundestag. Die wichtigsten Themen sind für Vontz soziale Gerechtigkeit, der Klimawandel und das Wahlrecht ab 16. Für sie ist es auch von Bedeutung, ihre eigene Politikbegeisterung an andere Menschen weiterzugeben. Für Vontz war früh klar, dass sie in die Politik gehen möchte. Sie wollte nicht nur zusehen und meckern, während andere Menschen ihre Zukunft verbauten. Nicht alle sind der Meinung, dass eine so junge Person eine gute Abgeordnete sein kann. Sie wird aufgrund ihrer mangelnden Lebenserfahrung kritisiert. Vontz kommentiert diese Kritik wie folgt: So wie es in der Bevölkerung junge und alte Menschen gibt, sollte das im Bundestag auch so sein. Für die jüngeren Generationen gibt es viele Probleme, die von den älteren nicht so ernst genommen werden. Schon bei der Bundestagswahl merkte sie, dass sie vor allem von jungen Leuten unterstützt wird und genau diese Menschen will Vontz nun vertreten. Sie will für ihre Generation laut sein. Auch das ist ein Kritikpunkt für manche. Abgeordnete sollten zwar die Interessen ihrer Parteien vertreten, aber diese Interessen sollten für alle Bürger vertreten werden, nicht nur für eine Generation.

Vontz will aber etwas an der Art, wie Politik gemacht wird, verändern. Mit einfacher und direkter Sprache will sie die Leute mehr einbeziehen. Außerdem will sie mit Ehrlichkeit und Nähe vor allem auch junge Wähler ansprechen.

Goethe-Zertifikat B2 Lesen
Modelltest 1 — Kandidatenblätter

Teil 3

Beispiel:

0   Die jüngsten Mitglieder des Bundestages …
- [a] sind alle von den Grünen.
- [b] sind auf alle Parteien gleich verteilt.
- [x] sind auf zwei Parteien aufgeteilt.

16   Das Durchschnittsalter im Bundestag …
- [a] wurde im Vergleich zur letzten Wahl niedriger.
- [b] wird jedes Jahr niedriger.
- [c] hat sich in den letzten Jahren um 15 % verändert.

17   Emily Vontz konnte bei der Bundestagswahl 2021 …
- [a] nicht antreten, weil sie noch zu jung war.
- [b] nur knapp keinen Abgeordnetensitz erreichen.
- [c] nur wenige junge Wähler von sich überzeugen.

18   Vontz will unter anderem …
- [a] viele Menschen für Politik begeistern.
- [b] das jüngste Mitglied im Bundestag bleiben.
- [c] die ältere Generation vom Klimawandel überzeugen.

19   Manche denken, dass …
- [a] es nur alte Abgeordnete geben sollte.
- [b] Vontz noch zu jung ist, um Abgeordnete zu sein.
- [c] Vontz nicht rechtmäßig gewählt wurde.

20   Vontz möchte …
- [a] jungen Menschen zeigen, dass sie auch gewählt werden können.
- [b] alle Generationen gleich vertreten.
- [c] die Stimme der jungen Generation werden.

21   Welche Kritik muss Vontz noch einstecken?
- [a] Die Sprache der Politik muss einfach und ehrlich sein.
- [b] Der Klimawandel ist kein richtiges Thema in der Politik.
- [c] Ein Politiker sollte seine Partei und nicht eine Bevölkerungsgruppe vertreten.

Goethe-Zertifikat B2 — Lesen
Modelltest 1 — Kandidatenblätter

Teil 4   vorgeschlagene Arbeitszeit: 12 Minuten

Sie lesen in einer Zeitschrift Meinungsäußerungen zu dem Thema „Handysucht".
Welche Äußerung passt zu welcher Überschrift? Eine Äußerung passt nicht. Die Äußerung a ist das Beispiel und kann nicht noch einmal verwendet werden.

Beispiel

0   Kommunikationsfähigkeiten leiden unter exzessivem Handygebrauch   Lösung: a

22   Handysucht ist ein Begriff aus den Medien

23   Pausen sind das A und O für gesunden Technikkonsum

24   Handys helfen gegen Einsamkeit

25   Das Handy schadet der Gesundheit

26   Besonders Jugendliche sind gefährdet

27   Unterbewusste Nutzung macht uns abhängig

Teil 4

Handysucht

a Man sieht überall junge Leute, die alle am Handy sitzen und nicht miteinander sprechen. Stundenlang sitzen sie so da und tippen nur auf den Mini-Computern herum. Und dann wundern sich die Eltern, wieso ihre Kinder keine ordentliche Konversation führen können.

Finn, Möckmühl

b Von der Haltung angefangen bis hin zu den Augen und dem Kopf. Wer zu lange, zu oft am Handy ist, hat mit den Konsequenzen zu kämpfen. Knapp 50 % der Deutschen haben mindestens einmal pro Jahr schlimme Nackenverspannungen. Häufig kommen diese von übermäßiger Handynutzung.

Nicole, Berlin

c Nicht nur Handys, sondern auch Laptops, Tablets, Smartwatches usw. sind ein Problem. Wenn man nicht aufpasst, kann man im Nu süchtig werden, deshalb ist es wichtig, dass man schon den Kindern Ruhezeiten beibringt. Vor allem für einen gesunden Schlaf müssen sich die Augen entspannen.

Petra, Koblenz

d Smartphone-Sucht ist medizinisch gesehen keine eigenständige Diagnose. In den Medien wird viel über diese Sucht gesprochen, aber in der Realität müssen noch etliche Forschungen und Studien erstellt werden, um ein Suchtverhalten festzustellen. Das Handy ist keine Droge, daher ist es auch schwierig von einer Sucht zu sprechen.

Helene, Dortmund

e Eine neue Studie zeigt, dass Erwachsene zwar die besten und teuersten Smartphones besitzen, aber wenn es um die Nutzung geht, sind eindeutig die Jugendlichen auf Rang eins, mit einer Durchschnittsnutzung von mehr als 3 Stunden am Tag. Bei einer hohen Nutzung ist die Wahrscheinlichkeit einer Abhängigkeit größer.

Erhard, Magdeburg

f In der modernen Welt ist es unmöglich ohne Smartphone zu leben. Wir müssen jeden Tag unendlich viel Wissen aufnehmen und wenn wir das nicht schaffen, können wir nicht mitreden oder wir werden ausgegrenzt. Daher müssen wir auch unsere Zeit in der U-Bahn oder im Bus aktiv nutzen und dafür brauchen wir nun mal ein Handy.

Mirjam, Alpirsbach

g Wenn heutzutage eine Frage am Esstisch auftaucht, richtet fast jeder automatisch seine Frage an das Internet. Wir sind es so gewohnt, dass jede Information griffbereit ist, und daher speichern wir weniger in unserem Kopf. Und wir müssen beim nächsten Mal wieder nach der Antwort suchen.

Ralph, Paderborn

h Durch unser Smartphone können wir mit anderen Menschen kommunizieren, obwohl wir nicht im gleichen Raum sind. Für viele ist dies ein wichtiger Punkt, warum sie viel Zeit mit dem Handy verbringen. Besonders wichtig ist das für Menschen, die alleine wohnen und sich auch so fühlen.

Evelin, Greven

Goethe-Zertifikat B2 — Lesen
Modelltest 1 — Kandidatenblätter

Teil 5   vorgeschlagene Arbeitszeit: 6 Minuten

Sie möchten eine Wohnung in Bielefeld mieten und lesen den Mietvertrag. Welche der Überschriften aus dem Inhaltsverzeichnis passen zu den Paragrafen? Vier Überschriften werden nicht gebraucht.

Beispiel: 0 Lösung b

Mietvertrag
für das Objekt Ellerstraße 18 Tür 4

Inhaltsverzeichnis

a   Mietzeit

~~b~~   Miete

c   Versorgung mit Heizung und Warmwasser

d   Abrechnung der Betriebskosten

e   Nutzung der Mieträume

f   Beendigung des Mietverhältnisses

g   Pflichten des Vermieters vor Einzug

h   Tierhaltung

§ 0
Die monatliche Miete beträgt 520 Euro, in Worten fünfhundertzwanzig Euro.

§ 28
Der Mieter darf die angemieteten Räume nur zu Wohnzwecken benutzen. Eine Zustimmung des Vermieters ist erforderlich, wenn der Mieter Um-, An-, und Einbauten, Installationen oder andere Veränderungen vornehmen will. Untervermietung an Dritte bedarf der Zustimmung des Vermieters. Die Haltung von Kleintieren ist dem Mieter gestattet. Die Haltung von Hunden und Katzen sowie anderer Tiere bedarf der Zustimmung des Vermieters.

§ 29
Die Fernwärme muss, soweit es die Witterung erfordert, mindestens aber in den Wintermonaten September bis April in Betrieb gehalten werden. Eine Temperatur von mindestens 20°C bis 23°C zwischen 6.00 und 24.00 Uhr in beheizbaren Räumen ist zu erreichen. In der übrigen Nachtzeit sind 18°C ausreichend. Warmwasser muss Tag und Nacht zur Verfügung stehen.

§ 30
Die Kündigung hat in schriftlicher Form mindestens einen Monat vor Auszugsdatum zu erfolgen. Zieht der Mieter aus, muss er die Räume besenrein hinterlassen und sämtliche Schlüssel dem Vermieter übergeben. Wird bei der Übergabe ein Schaden festgestellt, und der Mieter ist dafür zu verschulden, so ist der Mieter zum Ersatz des Schadens verpflichtet.

Goethe-Zertifikat B2	Hören
Modelltest 1	Kandidatenblätter

Kandidatenblätter

Hören
40 Minuten

Das Modul *Hören* hat vier Teile.
Sie hören mehrere Texte und lösen Aufgaben dazu.

Lesen Sie jeweils zuerst die Aufgaben und hören Sie dann den Text dazu.

Vergessen Sie bitte nicht, Ihre Lösungen auf den **Antwortbogen** zu übertragen.
Dazu haben Sie nach dem Modul Hören fünf Minuten Zeit.

Bitte markieren Sie deutlich und verwenden Sie keinen Bleistift.

Am Ende jeder Pause hören Sie dieses Signal: ♫

Wörterbücher und Mobiltelefone sind nicht erlaubt.

듣기 시험 음성 QR

재생 시간은 듣기시험 전체 재생 시간과 동일하며, 중단 없이 들으면서 동시에 문제를 풀어야 합니다.

| Goethe-Zertifikat B2 | Hören |
| Modelltest 1 | Kandidatenblätter |

Teil 1

Sie hören fünf Gespräche und Äußerungen.
Sie hören jeden Text **einmal**. Zu jedem Text lösen Sie zwei Aufgaben. Wählen Sie bei jeder Aufgabe die richtige Lösung.
Lesen Sie jetzt das Beispiel. Dazu haben Sie 15 Sekunden Zeit.

Beispiel

01 Die Frau fragt nach der Anmeldung für das Studium.   Richtig | ~~Falsch~~

02 Um sich anzumelden, muss man …
 a sich persönlich anmelden.
 b eine E-Mail senden.
 ☒ bestimmte Bedingungen erfüllen.

1 Die Journalisten sprechen über eine neue Erfindung „Wasserstoff".   Richtig | Falsch

2 Wann ist Wasserstoff klimafreundlich?
 a Immer, es ist nur Wasser.
 b Wenn er mit grüner Energie hergestellt wird.
 c Wenn er als Treibstoff verwendet wird.

3 Die Frau spricht darüber, wieso sie gerne Klavier spielt.   Richtig | Falsch

4 Welche Meinung hat die Frau über das Musikhören?
 a Sie kann sich damit sehr gut entspannen.
 b Es ist weniger wirksam als Musik zu spielen.
 c Sie kann sich damit gar nicht entspannen.

5 Der Moderator berichtet über eine Möglichkeit, Krebs zu heilen.   Richtig | Falsch

6 Ballaststoffe sind …
 a gesund und reduzieren das Krebsrisiko.
 b eine gute Energiequelle für Sport.
 c belastend für den Körper.

7 Die Frau ist einigermaßen zufrieden mit ihrer neuen Arbeit.   Richtig | Falsch

8 Die Frau findet ihre Vorgesetzte
 a anders als erwartet.
 b sehr inkompetent.
 c ein wenig faul.

9 Die Freunde unterhalten sich über den technischen Fortschritt.   Richtig | Falsch

10 Die Frau wird morgen …
 a nicht mit einem Kurs beginnen.
 b bestimmt einen Kurs buchen.
 c morgen sofort zu lernen beginnen.

Goethe-Zertifikat B2 · Hören
Modelltest 1 · Kandidatenblätter

Teil 2

Sie hören im Radio ein Interview mit einer Persönlichkeit aus dem Kunstbereich.
Sie hören den Text **zweimal**. Wählen Sie bei jeder Aufgabe die richtige Lösung.
Lesen Sie jetzt die Aufgaben 11 bis 16. Dazu haben Sie 90 Sekunden Zeit.

11 Frau Berger denkt, dass ...
- a man die Frage, was Kunst ist, nicht beantworten soll.
- b mehr über die Bedeutung von Kunst diskutieren muss.
- c man nur für sich selbst beantworten kann, was Kunst ist.

12 Bei einem Kunstwettbewerb in den USA hat ...
- a eine künstliche Intelligenz den 1. Platz belegt.
- b ein Künstler künstliche Intelligenz verwendet, um sein Kunstwerk herzustellen.
- c ein Künstler mit künstlicher Intelligenz betrogen und gewonnen.

13 Welche Rolle spielt künstliche Intelligenz in der Kunst?
- a KI kommt nur sehr langsam in den Bereich Kunst.
- b KI kann ein Instrument sein, mit dem neue Kunstwerke geschaffen werden.
- c KI kann bestehende Kunstwerke perfekt fälschen.

14 Interaktive Kunstausstellungen sind ...
- a Ausstellungen, in denen die Besucher das Kunstwerk selbst bearbeiten können.
- b Ausstellungen für Kinder zum Spielen.
- c Ausstellungen, bei denen man in die Kunst eintauchen kann.

15 Was wird als größter Vorteil von digitaler Kunst genannt?
- a Man kann interessante Ausstellungen, wie immersive Ausstellungen, gestalten.
- b Man kann die Kunstwerke einfach im Internet ansehen.
- c Man kann dasselbe Kunstwerk an verschiedenen Orten gleichzeitig ausstellen.

16 Frau Berger denkt, dass NFTs ...
- a von original Kunstwerken nicht verkauft werden sollten.
- b den Wert von normalen Kunstwerken steigern.
- c nur eine andere Form des Kunsthandels sind.

Goethe-Zertifikat B2 Hören
Modelltest 1 — Kandidatenblätter

Teil 3

Sie hören im Radio ein Gespräch mit mehreren Personen. Die Personen sprechen über Einsamkeit.
Sie hören den Text **einmal**. Wählen Sie bei jeder Aufgabe: Wer sagt das?
Lesen Sie jetzt die Aufgaben 17 bis 22. Dazu haben Sie 60 Sekunden Zeit.

Beispiel

0   Wenn er / sie gesund ist, fühlt er / sie sich nicht einsam.

| [a] Moderatorin | [x] Frau Becker, Seniorin | [c] Herr Wagner, Student |

17   Er / Sie fühlt sich nicht wie erwartet nach einer Veränderung der Wohnsituation.

[a] Moderatorin   [b] Frau Becker, Seniorin   [c] Herr Wagner, Student

18   Ohne Familie kann man leicht einsam werden.

[a] Moderatorin   [b] Frau Becker, Seniorin   [c] Herr Wagner, Student

19   Ältere Menschen fühlen sich einsamer als vor einigen Jahren.

[a] Moderatorin   [b] Frau Becker, Seniorin   [c] Herr Wagner, Student

20   Besonders alleinstehende Menschen über 65 suchen das Gespräch mit anderen.

[a] Moderatorin   [b] Frau Becker, Seniorin   [c] Herr Wagner, Student

21   Er / Sie denkt, dass man bei Einsamkeit nicht nur im Bett liegen bleiben sollte.

[a] Moderatorin   [b] Frau Becker, Seniorin   [c] Herr Wagner, Student

22   Im Voraus geplante soziale Termine können gegen Einsamkeit helfen.

[a] Moderatorin   [b] Frau Becker, Seniorin   [c] Herr Wagner, Student

Goethe-Zertifikat B2 Hören
Modelltest 1   Kandidatenblätter

Teil 4

Sie hören einen kurzen Vortrag. Der Redner spricht über das Thema „Zufriedenheit im Job".
Sie hören den Text **zweimal**. Wählen Sie bei jeder Aufgabe die richtige Lösung.
Lesen Sie jetzt die Aufgaben 23 bis 30. Dazu haben Sie 90 Sekunden Zeit.

23 Wie viele Menschen sind mit ihrer Arbeit sehr unzufrieden?
- a Mehr als 60 %.
- b Etwa 25 - 40 %.
- c 10 % der Arbeitnehmer.

24 Zufrieden ist man, wenn …
- a man immer glücklich ist.
- b die eigenen Wünsche erfüllt werden.
- c man immer wieder unzufrieden ist.

25 Das Wichtigste für die Zufriedenheit auf der Arbeit …
- a ist für jede Person anders.
- b lässt sich nicht so einfach feststellen.
- c ist eindeutig das Gehalt.

26 Viele Menschen denken …
- a , dass das Gehalt das Wichtigste ist.
- b nicht sehr genau über die Zufriedenheit nach.
- c , dass Zufriedenheit durch verschiedene Faktoren erreicht wird.

27 Die Entlohnung soll …
- a den Wert des Arbeitnehmers für die Firma repräsentieren.
- b an die anderen Faktoren angepasst werden.
- c ein Leben ohne finanzielle Sorgen ermöglichen.

28 Welchen Einfluss hat das Arbeitsklima auf andere Faktoren?
- a Das Arbeitsklima verschlechtert sich, wenn etwas anderes nicht in Ordnung ist.
- b Ist das Arbeitsklima schlecht, sinkt auch das Gehalt.
- c Ein gutes Arbeitsklima sorgt für ein gutes Verhältnis zu Kollegen.

29 Ohne Ziel …
- a kann man nicht zufrieden werden.
- b ist die Arbeit doppelt so schwierig.
- c verliert die Arbeit den Sinn.

30 Ein Jobwechsel ist nur zu empfehlen, …
- a wenn man gar nicht mehr weiter weiß.
- b wenn man nicht mehr jammern möchte.
- c wenn man weiß, was man will.

Kandidatenblätter

Schreiben
75 Minuten

Das Modul Schreiben hat zwei Teile.

In **Teil 1**
schreiben Sie einen Forumsbeitrag.

In **Teil 2**
schreiben Sie eine Nachricht.

Sie können mit jeder Aufgabe beginnen.
Schreiben Sie Ihre Texte auf die
Antwortbogen.

Bitte schreiben Sie deutlich und
verwenden Sie keinen Bleistift.

Wörterbücher und Mobiltelefone sind nicht
erlaubt.

Goethe-Zertifikat B2 Schreiben
Modelltest 1 Kandidatenblätter

Teil 1   vorgeschlagene Arbeitszeit: 50 Minuten

Sie schreiben einen Forumsbeitrag zum Thema „Bezahlen mit dem Handy".

- Äußern Sie Ihre Meinung zu Zahlungen über das Handy.
- Nennen Sie Gründe, warum immer mehr Menschen mit dem Handy bezahlen.
- Nennen Sie andere Möglichkeiten, im Alltag zu bezahlen.
- Nennen Sie Vorteile der anderen Möglichkeiten.

Denken Sie an eine Einleitung und einen Schluss.
Bei der Bewertung wird darauf geachtet, wie genau die Inhaltspunkte bearbeitet sind, wie korrekt der Text ist und wie gut die Sätze und Abschnitte sprachlich miteinander verknüpft sind.
Schreiben Sie mindestens **150** Wörter.

Teil 2   vorgeschlagene Arbeitszeit: 25 Minuten

Sie machen gerade ein Praktikum bei einer deutschen Firma. Sie haben derzeit sehr viel zu tun, aber Sie brauchen aufgrund eines familiären Notfalls drei Tage Urlaub. Schreiben Sie eine Nachricht an Ihren Vorgesetzten, Herrn Peters.

- Bitten Sie um Verständnis für Ihre Situation.
- Zeigen Sie Verständnis für die Arbeitssituation in der Firma.
- Machen Sie einen Vorschlag für die nächsten Tage.
- Beschreiben Sie den Notfall.

Überlegen Sie sich eine passende Reihenfolge für die Inhaltspunkte.
Bei der Bewertung wird darauf geachtet, wie genau die Inhaltspunkte bearbeitet sind, wie korrekt der Text ist und wie gut die Sätze und Abschnitte sprachlich miteinander verknüpft sind. Vergessen Sie nicht Anrede und Gruß.
Schreiben Sie mindestens **100** Wörter.

Goethe-Zertifikat B2 — **Sprechen**
Modelltest 1 — Kandidatenblätter

Kandidatenblätter

Sprechen
circa 15 Minuten

Das Modul *Sprechen* hat zwei Teile.

In **Teil 1** halten Sie einen kurzen Vortrag und sprechen mit Ihrer Gesprächspartnerin / Ihrem Gesprächspartner darüber. Wählen Sie dafür ein Thema (1 oder 2) aus (circa 4 Minuten).

In **Teil 2** tauschen Sie in einer Diskussion Standpunkte aus (circa 5 Minuten).

Ihre Vorbereitungszeit beträgt 15 Minuten (Paarprüfung und Einzelprüfung). Sie bereiten sich allein vor. Sie dürfen sich Notizen machen. In der Prüfung sollen Sie frei sprechen.

Hilfsmittel wie z. B. Wörterbücher oder Mobiltelefone sind nicht erlaubt.

Goethe-Zertifikat B2 | Sprechen
Modelltest 1 | Kandidatenblätter

Teil 1 — Vortrag halten
Dauer für beide Teilnehmende: circa 8 Minuten

Sie nehmen an einem Seminar teil und sollen dort einen kurzen Vortrag halten.
Wählen Sie ein Thema (Thema 1 oder 2) aus. Ihre Gesprächspartnerinnen / Ihre Gesprächspartner hören zu und stellen Ihnen anschließend Fragen.

Strukturieren Sie Ihren Vortrag mit einer Einleitung, einem Hauptteil und einem Schluss.
Ihre Notizen und Ideen schreiben Sie bitte in der Vorbereitungszeit auf.
Sprechen Sie circa 4 Minuten.

Thema 1

Auszeit nach dem Abitur

- Beschreiben Sie mehrere Gründe (z.B. Erfahrungen sammeln).
- Beschreiben Sie einen Grund genauer.
- Nennen Sie Vor- und Nachteile und bewerten Sie diese.

Thema 2

Digitalisierung

- Beschreiben Sie mehrere Bereiche (z.B. Bildung).
- Beschreiben Sie einen Bereich genauer.
- Nennen Sie Vor- und Nachteile und bewerten Sie diese.

Teil 2 **Diskussion führen**   Dauer für beide Teilnehmende: circa 5 Minuten

Sie sind Teilnehmende eines Debattierclubs und diskutieren über die Frage.

Soll Programmieren ein Pflichtschulfach werden?

- Tauschen Sie Ihren Standpunkt und Ihre Argumente aus.
- Reagieren Sie auf die Argumente Ihrer Gesprächspartnerin / Ihres Gesprächspartners.
- Fassen Sie am Ende zusammen: Sind Sie dafür oder dagegen?

Sie können diese Stichpunkte zu Hilfe nehmen.

Aktuelles lernen?
Interesse der Schüler steigt / sinkt?
Sicherheit im Internet nimmt zu / ab?
Jobchancen steigen / sinken?
…

MODELLTEST
2

Goethe-Zertifikat B2 — **Lesen**
Modelltest 2 — Kandidatenblätter

Modelltest 2

Kandidatenblätter

Lesen
65 Minuten

Das Modul *Lesen* hat 5 Teile.
Sie lesen mehrere Texte und lösen Aufgaben dazu. Sie können mit jeder Aufgabe beginnen. Für jede Aufgabe gibt es nur eine richtige Lösung.

Vergessen Sie bitte nicht, Ihre Lösungen innerhalb der Prüfungszeit auf den **Antwortbogen** zu schreiben.

Bitte schreiben Sie deutlich und verwenden Sie keinen Bleistift.

Wörterbücher und Mobiltelefone sind nicht erlaubt.

Goethe-Zertifikat B2 — Lesen
Modelltest 2 — Kandidatenblätter

Teil 1 vorgeschlagene Arbeitszeit: 18 Minuten

Sie lesen in einem Forum, was Menschen über ein soziales Pflichtjahr denken.
Auf welche der vier Personen treffen die einzelnen Aussagen zu? Die Personen können mehrmals gewählt werden.

Beispiel

0 Wer findet, dass eine Verpflichtung keine gute Idee ist? **Lösung: a**

1 Wer denkt, dass junge Menschen viele verschiedene Erfahrungen machen sollten?

2 Wer findet ein verpflichtendes soziales Jahr ist Ausbeutung?

3 Wer sieht ein soziales Jahr als einen Pluspunkt bei Bewerbungen?

4 Wer denkt, man sollte sein soziales Umfeld erweitern?

5 Wer findet, dass man durch ein soziales Jahr ein Jahr seiner Jugend verliert?

6 Wessen Meinung nach ist ein soziales Jahr besser als der Wehrdienst?

7 Wer denkt über alle großen Entscheidungen meistens länger nach?

8 Wer denkt, eine Lösung für den Fachkräftemangel wird benötigt?

9 Wer ist der Meinung, dass man nach der Schule mehr Zeit braucht?

Teil 1

Soziales Pflichtjahr

a Robert

Ich arbeite im Bereich Personalmanagement und ich lese täglich sehr viele Bewerbungen und Bewerbungen mit einem sozialen Jahr sind meistens ein wenig interessanter als die ohne. Vor allem merkt man, dass diese Bewerber nach dem Abitur mehr Zeit haben, darüber nachzudenken, was sie studieren werden oder was ihnen wichtig ist. Die meisten können dieses Jahr nutzen, um Leidenschaften und Interessen zu entwickeln. Ich persönlich finde das sehr wichtig. Ich stelle lieber jemanden ein, der älter und von seiner Arbeit überzeugt ist, als jemanden, der jünger ist, aber noch keine Ahnung vom Leben hat und jederzeit die Branche wechseln kann. Allerdings bin ich nicht der Meinung, dass wir ein soziales Pflichtjahr brauchen. Wenn das Jahr verpflichtend wird, nimmt es einen wichtigen Faktor der Entwicklung weg und es wird nur noch ein Jahr, dass man eben durchdrücken muss. Wenn man etwas unfreiwillig macht, dann hat man selten Freude daran.

b Nina

Das soziale Pflichtjahr, wie es die Regierung vorschlägt, ist absolut nicht akzeptabel. Die Regierung will nur die Löcher stopfen, die große Konzerne und der Staat durch schlechtes Management selbst verursacht haben. Wieso sollte ich ein Jahr meiner Jugend verschenken, um irgendeine Fluggesellschaft zu retten? Das ist doch vollkommen irrsinnig. Wenn dieses Jahr wenigstens richtig bezahlt werden würde, könnte man ja darüber sprechen. Aber für Unterkunft und Verpflegung ein Jahr lang zu schuften, hört sich für mich wie Zwangsarbeit an. Ich lasse mich bestimmt nicht von der Regierung ausbeuten. Die Regierungspartei wird bei den nächsten Wahlen schon spüren, was die jungen Menschen von ihrer tollen Idee halten. Außerdem wäre ich in einem sozialen Beruf mit Sicherheit fehl am Platz. Ich bin nicht gerne den ganzen Tag mit anderen Menschen zusammen. Ich sitze lieber an einem Computer.

c Rosa

Heutzutage wollen alle studieren gehen, weil sie denken, das sei der einzige Weg zum Erfolg. Sie sehen gar nicht, dass man auch in anderen Berufen erfolgreich sein kann und gar nicht so schlecht verdient. In vielen Lehrberufen gibt es viel zu wenig junge Menschen und seit Jahren haben wir eine Mangel an Handwerkern. Wenn wir dieses Problem nicht bald lösen, haben wir bald gar keine Fachkräfte mehr. Die Jugend geht vom Gymnasium direkt weiter an die Uni und probiert gar nichts anderes aus. Wenn sie sich nur so wie ich etwas mehr Zeit lassen würden, um sich zu entscheiden, würde die Welt bestimmt anders aussehen. Nicht jeder kann beim Studieren glücklich werden. Man muss auch mal einen anderen Weg einschlagen, um ans richtige Ziel zu kommen. Wenn man viele Dinge erlebt, kann man auch besser sagen, was richtig zu einem passt.

d Lukas

In der Schule hat man meistens Freunde, die aus ähnlichen Kreisen kommen wie man selbst. Sie haben ähnliche Ideen, Einstellungen, Träume und Ziele. Aber die Welt hat deutlich mehr Facetten als der Schulfreundeskreis. Auch an der Universität trifft man hauptsächlich Gleichgesinnte. Daher bin ich der Meinung, dass man nach dem Schulabschluss den sozialen Kreis erweitern sollte. Durch ein soziales Jahr kann man Menschen aus verschiedenen Schichten und Lebenslagen kennenlernen. Dadurch können Vorurteile und Ängste vor Fremden abgebaut werden. Früher, als man noch Wehrdienst leisten musste, konnte man zwar auch viele verschiedene Menschen kennenlernen, aber außer Gehorsamkeit lernte man nicht viel Neues. Durch ein soziales Jahr kann man nachweislich wichtige Softskills wie Einfühlsamkeit lernen. Diese Fähigkeiten kann man auch kaum in der Universität lernen. Daher ist ein soziales Jahr eine ausgezeichnete Gelegenheit, sich selbst und die eigenen Fähigkeiten besser kennenzulernen.

Teil 2 vorgeschlagene Arbeitszeit: 12 Minuten

Sie lesen in einer Zeitschrift einen Artikel über die Geschichte der Landesgrenzen.
Welche Sätze passen in die Lücken? Zwei Sätze passen nicht.

Länder und Grenzen
Wieso gibt es eigentlich Landesgrenzen?

Eine Grenze legt das Gebiet eines Staates fest. Für die meisten sind sie nur Linien auf einer Landkarte. Manchmal ist es aber auch eine Mauer, ein Zaun oder auch eine natürliche Grenze wie zum Beispiel ein Fluss oder eine Wüste. In der realen Welt gibt es kaum sichtbare Grenzen. [... 0 ...] Doch an den EU-Außengrenzen kann man scharfe Drahtzäune und modernste Abwehrtechnik sehen. In diesem Artikel werden die Gründe für Grenzen und ihre heutige Funktion besprochen.

Schon die ersten Menschen bauten Grenzen um ihre Lagerplätze, um wilde Tiere und Fremde fernzuhalten und sich selbst zu schützen. [... 10 ...] Dieser Platz ist meistens ein Haus und der Gartenzaun schützt unser Eigentum vor Fremden und in manchen Fällen auch vor wilden Tieren. Aber Menschen sind auch soziale Wesen. [... 11 ...] Allerdings braucht jeder Mensch auch seinen Abstand. Vor allem der Abstand zu „den Anderen" ist wichtig für das Sicherheitsgefühl. Aber auch jede Freundschaft, Ehe oder verwandtschaftliche Beziehung ist nur durch persönliche Grenzen möglich. [... 12 ...]
Für Staaten sind Grenzen wichtig, weil auch andere Staaten Grenzen haben. Früher waren die Menschen durch natürliche Grenzen getrennt und es gab wenig Austausch zwischen den verschiedenen Ansiedlungen. [... 13 ...] Mit dem Zusammenwachsen der Gebiete und der Suche nach wertvollen Rohstoffen haben verschiedene Kulturen begonnen, ihre Landesgrenzen an den entsprechenden Sprach- und Kulturgrenzen zu ziehen. Im weiteren Verlauf der Geschichte wurden die Grenzen immer wieder neu verhandelt. Es wurde auch um Gebiete gekämpft und von größeren Mächten wurden neue Grenzen gezogen. [... 14 ...] Das gesamte Gebiet wurde einfach mit einer Landkarte aufgeteilt, ohne auf Sprach-, Kultur- und Naturgrenzen Rücksicht zu nehmen.

Heutzutage erfüllen die Grenzen vor allem politisch-ideologische, ethnisch-kulturelle und ökonomische Zwecke. [... 15 ...] Im Gegensatz dazu manifestieren sie auch Feindbilder und erlauben den Ländern, die Augen vor globalen Problemen zu schließen. Heutzutage sind sich immer noch nicht alle Länder über die Weltaufteilung einig und es kommt immer wieder zu Grenzkonflikten und Kriegen.

Teil 2

Beispiel:

0   Vor allem innerhalb des Schengenraums gibt es die Grenzen nur in der Verwaltung.

a   Dadurch entstanden viele verschiedene Sprachen und Kulturen.

b   Durch die Grenzen kann man festlegen, wer Steuern bezahlen muss und wer nicht.

c   Daher schätzen sie die Nähe zu anderen Menschen sehr.

d   Menschen schließen sich immer noch gerne in ihren Häusern ein.

e   Ein Beispiel dafür ist die Aufteilung von Afrika durch die Kolonialmächte.

f   Auch heute haben wir noch gerne Grenzen um unseren „Lagerplatz".

g   So übernehmen sie eine Schutzrolle und stärken das Wir-Gefühl innerhalb eines Staates.

h   Nähe ist wichtig, aber auch der Abstand hat seinen Wert.

Deutschland im Wandel

Seit Jahren hört man, dass die Gesellschaft immer älter wird. Ein Grund dafür ist, dass sich die Lebenserwartung in Deutschland in den letzten 150 Jahren verdoppelt hat. Zwar ist in den letzten Jahren der Anstieg etwas schwächer geworden, aber Deutschland ist mit einem Altersmedian von 46,2 Jahren das zweitälteste Land der Welt.

Durch eine Geburtenrate von 1,4 Kindern gibt es immer weniger junge Menschen und nur die stetige Zuwanderung verjüngt die Gesellschaft. Ohne die positive Einwanderungsbilanz würde die Bevölkerung Deutschlands schon seit über 40 Jahren schrumpfen. Doch die Bevölkerung wird nicht nur älter, sondern auch bunter. Einen bedeutenden Beitrag dazu leistet natürlich die Zuwanderung, aber auch offen gelebte Homosexualität und alternative Lebensformen verbreiten sich in den älteren Generationen und sorgen so für eine Diversifizierung.

Viele ältere Menschen genießen im Alter die Freiheit und leben so, wie sie wollen. Allerdings gibt es auch große Ungleichheiten in der älteren Generation. Armut und Einsamkeit sind wachsende Probleme. Vor allem bei pflegebedürftigen Senioren sind diese Probleme deutlich zu erkennen. Gründe für die Einsamkeit sind zum Beispiel die wachsende Individualisierung und die steigende Mobilität. Viele Senioren haben keine Familie in der Nähe und haben somit nur wenig Kontakt nach außen. Eine starke Vereinsamung kann man zum Beispiel mit neuen Wohnformen verhindern. So eignen sich Wohngemeinschaften nicht nur für Studenten, sondern auch für Senioren. Zudem sind Mehrgenerationenhäuser eine hervorragende Option. Ein weiteres Problem der Überalterung betrifft die jungen Generationen. Da es weniger junge Menschen gibt, gibt es auch weniger Erwerbstätige und wenn die Gruppe der Erwerbstätigen schrumpft, schrumpft auch das Wirtschaftswachstum. Das bedeutet, die junge Generation muss die ältere Generation mit einem geringeren Einkommen unterstützen. Um diesem Effekt entgegenzuwirken, muss Deutschland mehr Geld in die Automatisierung und Digitalisierung stecken. Nur so kann die Wirtschaftsleistung auch mit einem geringen Humankapital auf einem hohen Niveau gehalten werden. Ein weiterer Lösungsansatz für das Problem der Überalterung sind Förderungen für Familien und Kinder. Durch mehr Kindergeld, bessere Betreuung und zusätzliche Unterstützungen sollte ein weiteres Absinken der Geburtenrate verhindert werden.

Laut einer Studie des Max-Planck-Instituts gibt es aber auch positive Effekte der alternden Gesellschaft. So werden wir in zwei Jahrzehnten ökologischer, gesünder und produktiver leben. Zudem werden wir eine höhere Lebensqualität genießen und mehr Geld zur Verfügung haben. Für die ökologische Lebensweise spricht, dass alte Menschen sesshafter sind und weniger konsumieren. Mehr Geld sollten wir zur Verfügung haben, weil wir unser Vermögen auf weniger Kinder verteilen müssen. Die Zukunft ist vermutlich doch nicht so dunkel wie angenommen.

Goethe-Zertifikat B2 — Lesen
Modelltest 2 — Kandidatenblätter

Teil 3

Beispiel:

0   Wie entwickelt sich die Lebenserwartung in Deutschland seit einigen Jahren?

- [ ] a Die Lebenserwartung steigt weiterhin rasant an.
- [ ] b Die Lebenserwartung ist neuerdings gesunken.
- [x]   Die Lebenserwartung steigt kontinuierlich.

16 Die Bevölkerung Deutschlands wird nicht kleiner, weil ...

- a die Deutschen älter werden und dadurch weniger Menschen sterben.
- b die Deutschen viele Kinder bekommen.
- c viele Menschen nach Deutschland immigrieren.

17 Die deutsche Gesellschaft wird nicht nur älter, sondern ...

- a die Menschen unterscheiden sich auch mehr voneinander.
- b auch ärmer und einsamer als vor 20 Jahren.
- c die Probleme in der Gesellschaft werden auch immer größer.

18 Die Zahl der einsamen Senioren wächst, weil ...

- a die meisten nur an sich selbst und ihr Auto denken.
- b viele das Alleinleben genießen und an andere Orte ziehen.
- c sich immer mehr alte Menschen scheiden lassen.

19 Was ist zu beachten bei den neuen Wohnformen für Senioren?

- a Es ist wichtig, dass sie Kontakt zu anderen Menschen haben.
- b Es ist wichtig, dass sie mit Gleichgesinnten zusammenwohnen.
- c Es ist wichtig, dass es in der Nähe ein Krankenhaus oder einen Arzt gibt.

20 Welchen Einfluss kann die Überalterung auf die Wirtschaft haben?

- a Die Menschen werden bis zu einem hohen Alter arbeiten müssen.
- b Menschen werden Maschinen bei der Arbeit unterstützen.
- c Weniger Menschen werden weniger Profit verzeichnen.

21 Eine ältere Gesellschaft lebt umweltfreundlicher, da ...

- a sie mehr Geld in alternative Energien stecken könen.
- b sie weniger reisen und weniger Rohstoffe verbrauchen.
- c sie weniger Kinder bekommen und großziehen.

Goethe-Zertifikat B2 Lesen
Modelltest 2 — Kandidatenblätter

Teil 4
vorgeschlagene Arbeitszeit: 12 Minuten

Sie lesen in einer Zeitschrift Meinungsäußerungen zu dem Thema „Praktika".
Welche Äußerung passt zu welcher Überschrift? Eine Äußerung passt nicht. Die Äußerung a ist das Beispiel und kann nicht noch einmal verwendet werden.

Beispiel

0   Ein Praktikum kann eine wichtige Lebenserfahrung werden   **Lösung: a**

22   Hauptsache Spaß bei der Sache

23   Praktikum vor dem Studium

24   Vitamin B und Erfahrungen helfen in der Zukunft

25   Man kann immer etwas Neues entdecken

26   Kaffee kochen kann man auch anders lernen

27   Gern, aber bestimmt nicht unbezahlt

Teil 4

Praktika

a ~~Ein Praktikum ist für die meisten der erste Schritt in die Berufswelt. Diese erste Arbeitsstelle und die ersten Kollegen prägen einen für den Rest des Lebens. Zudem kann sie die weitere Karriere bestimmen. Deshalb ist es wichtig, sich eine gute Praktikumsstelle zu suchen.~~

Walter, Münster

b Manche Schüler und Studenten verstehen nicht, wieso sie ein Praktikum machen sollten. Es ist nicht nur eine wichtige Vorbereitung für die Zukunft. Die Menschen, die man trifft, und die Erfahrungen, die man macht, werden sich mit der Zeit als nützlich erweisen. Auch wenn nicht immer sofort sichtbar ist, wie das passieren soll.

Wiebke, Solingen

c Ein Praktikum kann natürlich ein guter Start in einem Unternehmen sein. Es kann aber auch nur ein kurzes Reintasten in eine Branche werden. Egal was später daraus wird, am wichtigsten ist es, dass man die Praktikumszeit genießt. Es ist eine Zeit zum Lernen und Lachen.

Jochen, Remscheid

d Obwohl man in der Schule und im Studium viel lernen kann, ist alles sehr theoretisch. Es gibt nicht viele Menschen, die das Theoretische sofort in die Praxis umsetzen können. Aus diesem Grund ist es wichtig auch im realen Leben Erfahrungen zu sammeln. Diese Erfahrung kann jeden bereichern.

Jörg, Annaburg

e Ein Praktikum ist natürlich eine super Idee, um etwas Neues auszuprobieren. Aber es muss nicht unbedingt ein Praktikum sein. Man kann zum Beispiel auch freiwillig arbeiten, einen Sommerjob oder einen Nebenjob machen. In jedem Bereich gibt es andere spannende Dinge zu entdecken.

Lia, Reutlingen

f Ein Praktikum kann Spaß machen und man kann auch echt viel lernen, speziell im praktischen Bereich. Aber wieso sollte man unbezahlte Arbeit leisten? Ein Praktikant bringt natürlich weniger Profit als ein regulärer Angestellter, aber komplett wertlos sind Praktikanten ja auch nicht.

Lydia, Wiesbaden

g Bei manchen Praktikumsstellen muss man sich wirklich fragen, ob es gut oder schlecht für meine Zukunft ist. Denn es ist egal, ob bezahlt oder unbezahlt, wenn man als Praktikant nur die Kaffeemaschine in der Küche bedienen darf, kann man seine Zeit auch besser nutzen.

Reimund, Bonn

h Für die meisten Studenten ist das Pflichtpraktikum während des Studiums die erste Möglichkeit zu erfahren, wie der Bereich, in den sie so viel Zeit investieren, wirklich ist. Auch wenn man nicht zufrieden ist, ist es schon zu spät für einen Richtungswechsel. Daher empfiehlt sich ein Praktikum als Voraussetzung für das Studium.

Renate, Hachenburg

Teil 5

vorgeschlagene Arbeitszeit: 6 Minuten

Sie möchten an der Universität Hamburg studieren und lesen die Studienordnung. Welche der Überschriften aus dem Inhaltsverzeichnis passen zu den Paragrafen? Vier Überschriften werden nicht gebraucht.

Beispiel: 0 Lösung b

Studienordnung
für den Bachelorstudiengang Informatik

Inhaltsverzeichnis

a Aufbau des Studiums

~~b~~ Bewertung der Leistungen

c Bewertung der Bewerbung

d Vermittlungsformen

e Abschluss des Bachelorstudiums

f Studienziele

g Studiendauer und -volumen

h Lehrveranstaltungsarten

§ 0

Eine Modulprüfung setzt sich aus mehreren Teilprüfungsleistungen zusammen und die Berechnung der Gesamtnote wird im Modulhandbuch ausgewiesen.

§ 28

Der Bachelor-Studiengang Informatik (B.Sc.) vermittelt die Fähigkeiten zur selbstständigen Anwendung von Informatikkenntnissen und -fertigkeiten. Zudem lernt man, wissenschaftliche Methoden der Informatik anzuwenden und verantwortlich zu handeln, insbesondere im Hinblick auf die Auswirkungen des technischen Wandels.

§ 29

Die Module bestehen aus Kombinationen von Vorlesungen und jeweils einem Seminar oder einer Übung. Außerdem werden Vorlesungen mit integrierten Übungen angeboten.
Als weitere Lehrveranstaltungsart können Tutorien unter Hilfestellung einer studentischen Tutorin / eines studentischen Tutors stattfinden. In den Tutorien vertiefen die Studierenden fachspezifische Grundkenntnisse und üben grundlegende Fertigkeiten im Bereich der Informatik ein.

§ 30

Zum Abschlussmodul kann nur zugelassen werden, wer alle Pflichtmodule erfolgreich absolviert und die zugehörigen ECTS-Punkte erreicht hat. Zur Bachelorarbeit gehört verpflichtend zum Abschlussmodul eine wissenschaftliche Diskussion zu den Inhalten der Bachelorarbeit. Der Vortrag beträgt 10 % der Bewertung des Abschlussmoduls und muss mindestens mit der Note 4,0 bestanden werden. Der Vortrag muss bis spätestens fünf Wochen nach Abgabe der schriftlichen Arbeit gehalten werden.

Kandidatenblätter

Hören
40 Minuten

Das Modul *Hören* hat vier Teile.
Sie hören mehrere Texte und lösen Aufgaben dazu.

Lesen Sie jeweils zuerst die Aufgaben und hören Sie dann den Text dazu.

Vergessen Sie bitte nicht, Ihre Lösungen auf den **Antwortbogen** zu übertragen.
Dazu haben Sie nach dem Modul Hören fünf Minuten Zeit.

Bitte markieren Sie deutlich und verwenden Sie keinen Bleistift.

Am Ende jeder Pause hören Sie dieses Signal: ♫

Wörterbücher und Mobiltelefone sind nicht erlaubt.

듣기 시험 음성 QR

재생 시간은 듣기시험 전체 재생 시간과 동일하며, 중단 없이 들으면서 동시에 문제를 풀어야 합니다.

Goethe-Zertifikat B2 | **Hören**
Modelltest 2 | Kandidatenblätter

Teil 1

Sie hören fünf Gespräche und Äußerungen.
Sie hören jeden Text **einmal**. Zu jedem Text lösen Sie zwei Aufgaben. Wählen Sie bei jeder Aufgabe die richtige Lösung.
Lesen Sie jetzt das Beispiel. Dazu haben Sie 15 Sekunden Zeit.

Beispiel

01 Der Mann möchte sich für einen Basketballkurs anmelden. | Richtig | ~~Falsch~~

02 Wenn man ein Vereinsmitglied ist, …
- a muss man an den Kursen teilnehmen.
- b kosten die Kurse weniger.
- ☒ kann man sich als erstes anmelden.

1 Die Methoden für den Bienenschutz werden schon umgesetzt. | Richtig | Falsch

2 Um Bienen zu schützen, muss man …
- a sie auch in Städten leben lassen.
- b die Tiere woandershin umsiedeln.
- c andere Insekten vernichten.

3 Die Frau wird eine Bachelorarbeit über ihre Uni schreiben. | Richtig | Falsch

4 Das erste Thema des Mannes war, …
- a zu sehr auf Studenten fokussiert.
- b nicht adäquat für das Studium.
- c nicht präzise genug definiert.

5 Die Frau möchte etwas in der Politik verändern. | Richtig | Falsch

6 Wann wird die Frau bei einer Wahl antreten?
- a Sobald die nächste Wahl stattfindet.
- b Sobald sie junge Wähler findet.
- c Sobald sie weiß, was sie erreichen will.

7 In der EU sind 4 Insekten zum Verzehr zugelassen. | Richtig | Falsch

8 Wo werden Produkte mit Insekten gekennzeichnet?
- a Bei Inhaltsstoffen und Allergenen.
- b Nur bei den Inhaltsstoffen.
- c Immer an der Vorderseite.

9 Der Mann hat auf der Fortbildung nichts Neues gelernt. | Richtig | Falsch

10 Im Gegensatz zu früher kann man als Arbeitgeber…
- a einen unbefristeten Vertrag verlangen.
- b keine pauschale Probezeit verordnen.
- c Anfragen ohne Grund ablehnen.

Teil 2

Sie hören im Radio ein Interview mit einer Persönlichkeit aus der Wissenschaft.
Sie hören den Text **zweimal**. Wählen Sie bei jeder Aufgabe die richtige Lösung.
Lesen Sie jetzt die Aufgaben 11 bis 16. Dazu haben Sie 90 Sekunden Zeit.

11 Aktivisten sind Menschen, die ...
- a viele Feinde und Freunde haben.
- b eine Veränderung in der Gesellschaft hervorrufen möchten.
- c Dinge anders machen als der Rest der Menschen.

12 Klimaaktivisten haben ....
- a inzwischen fast alle von der Existenz des Klimawandels überzeugt.
- b immer wieder Probleme mit gewalttätigen Gegnern.
- c derzeit nur laute Gegner und überzeugte Befürworter.

13 Die Bezeichnung „Klimaterrorist" ist nach Herrn Schlesinger ...
- a ein Begriff, der die Grenzen ausreizt.
- b aus gutem Grund das Wort des Jahres geworden.
- c nicht gerechtfertigt, weil die Aktivisten nicht gewalttätig sind.

14 Mit einer Petition kann man ...
- a der Regierung die Meinung auf eine sanfte Art sagen.
- b kann man die Politik schnell und direkt beeinflussen.
- c kann man die Klimaziele konfliktfrei erreichen.

15 Was können Bürger noch machen, um das Klima zu schützen?
- a Sie können vorhandene Förderungen besser nutzen.
- b Sie können mit mehr Demonstrationen die Regierung unter Druck setzen.
- c Sie können täglich mehr Energie und Wasser sparen.

16 Was muss die Regierung machen, um gegen den Klimawandel zu kämpfen?
- a Die Regierungspartei muss die anderen Parteien überstimmen.
- b Alle Parteien der Regierung müssen effektiv zusammenarbeiten.
- c Die Bürokratie muss abgeschafft werden, um den Prozess zu beschleunigen.

Teil 3

Sie hören im Radio ein Gespräch mit mehreren Personen. Die Personen sprechen über die Angst vor Veränderung. Sie hören den Text **einmal**. Wählen Sie bei jeder Aufgabe: Wer sagt das?
Lesen Sie jetzt die Aufgaben 17 bis 22. Dazu haben Sie 60 Sekunden Zeit.

Beispiel

0   Die Angst vor Veränderungen nimmt die Chance auf große Erfolge.

| ☒ Moderatorin | b Frau Beck, Studentin | c Herr Schulte, Familienvater |

17   Ihm / Ihr steht bald eine große Veränderung bevor.
   a Moderatorin   b Frau Beck, Studentin   c Herr Schulte, Familienvater

18   Veränderungen, über die man keine Kontrolle hat, machen Angst.
   a Moderatorin   b Frau Beck, Studentin   c Herr Schulte, Familienvater

19   Angst vor Veränderung kann die körperliche Gesundheit beeinflussen.
   a Moderatorin   b Frau Beck, Studentin   c Herr Schulte, Familienvater

20   Er / Sie hat immer Angst, plötzlich seinen / ihren Job zu verlieren.
   a Moderatorin   b Frau Beck, Studentin   c Herr Schulte, Familienvater

21   Probleme mit der Psyche können die Angst vor der Zukunft verstärken.
   a Moderatorin   b Frau Beck, Studentin   c Herr Schulte, Familienvater

22   Wenn man über die negativen Gefühle spricht, werden sie schwächer.
   a Moderatorin   b Frau Beck, Studentin   c Herr Schulte, Familienvater

Teil 4

Sie hören einen kurzen Vortrag. Der Redner spricht über das Thema „Handynutzung".
Sie hören den Text **zweimal**. Wählen Sie bei jeder Aufgabe die richtige Lösung.
Lesen Sie jetzt die Aufgaben 23 bis 30. Dazu haben Sie 90 Sekunden Zeit.

23 Mit einer digitalen Diät ...
- a kann man nicht abnehmen.
- b versucht man nicht, Gewicht zu verlieren.
- c reduziert man die Anzahl der digitalen Geräte.

24 Deutsche verbringen durchschnittlich ...
- a mehr als 2 Stunden am Handy.
- b 44 % ihrer Zeit im Internet.
- c 53 % mehr Zeit auf dem Handy, als sie möchten.

25 Zu viel Internet macht Menschen ...
- a vergesslich und traurig.
- b depressiv und psychisch krank.
- c unkonzentriert und manche sogar unglücklich.

26 Wieso ist es so schwer, das Handy weniger zu benutzen?
- a Man braucht das Handy im Alltag.
- b Es kostet viel Energie, das Handy zu benutzen.
- c Es ist eine Frage der Gewohnheit.

27 Was muss man tun, um die Zeit am Handy zu reduzieren?
- a Man sollte alle Apps löschen und nur noch telefonieren.
- b Man sollte die Benachrichtigungen ausschalten.
- c Man sollte Freunden und Familie sagen, dass sie keine Nachrichten mehr schicken sollen.

28 Welche Tipps gibt es noch?
- a Man kann das Smartphone unattraktiv machen.
- b Man kann andere Zeitvertreibe leichter zugänglich machen.
- c Man kann einen täglichen Spaziergang machen.

29 Frau Bergmann ist es von besonderer Wichtigkeit, ...
- a dass alle Arbeitenden weniger auf ihr Handy schauen.
- b dass sie sich auf ihre Arbeit konzentriert.
- c dass sie nur 6 Stunden pro Tag arbeitet.

30 Welche Vorteile hat eine digitale Diät?
- a Man kann mindestens zwei Bücher in der Woche lesen.
- b Die Familie ist glücklicher und gesünder.
- c Man hat mehr Zeit für andere Dinge.

Goethe-Zertifikat B2	Schreiben
Modelltest 2	Kandidatenblätter

Kandidatenblätter

Schreiben
75 Minuten

Das Modul Schreiben hat zwei Teile.

In **Teil 1**
schreiben Sie einen Forumsbeitrag.

In **Teil 2**
schreiben Sie eine Nachricht.

Sie können mit jeder Aufgabe beginnen. Schreiben Sie Ihre Texte auf die **Antwortbogen**.

Bitte schreiben Sie deutlich und verwenden Sie keinen Bleistift.

Wörterbücher und Mobiltelefone sind nicht erlaubt.

Goethe-Zertifikat B2 — Schreiben
Modelltest 2 — Kandidatenblätter

Teil 1 vorgeschlagene Arbeitszeit: 50 Minuten

Sie schreiben einen Forumsbeitrag zu Fahrverboten und Verkehr in der Innenstadt.

- Äußern Sie Ihre Meinung zu einem Fahrverbot in der Innenstadt.
- Erklären Sie, warum ein Fahrverbot in der Innenstadt sinnvoll ist.
- Nennen Sie andere Möglichkeiten, den Verkehr in der Innenstadt zu reduzieren.
- Nennen Sie Vorteile der anderen Möglichkeiten.

Denken Sie an eine Einleitung und einen Schluss.
Bei der Bewertung wird darauf geachtet, wie genau die Inhaltspunkte bearbeitet sind, wie korrekt der Text ist und wie gut die Sätze und Abschnitte sprachlich miteinander verknüpft sind.
Schreiben Sie mindestens **150** Wörter.

Teil 2 vorgeschlagene Arbeitszeit: 25 Minuten

Leider können Sie dieses Wochenende nicht an einem wichtigen Seminar teilnehmen. Sie möchten dennoch die Unterlagen bekommen und die Arbeit etwas später abgeben. Schreiben Sie eine Nachricht an Ihre Professorin, Frau Herring.

- Bitten Sie um Verständnis für Ihre Situation.
- Zeigen Sie Verständnis für die Situation der Professorin.
- Beschreiben Sie, wieso Sie nicht kommen können.
- Machen Sie einen Vorschlag für die kommenden Tage.

Überlegen Sie sich eine passende Reihenfolge für die Inhaltspunkte.
Bei der Bewertung wird darauf geachtet, wie genau die Inhaltspunkte bearbeitet sind, wie korrekt der Text ist und wie gut die Sätze und Abschnitte sprachlich miteinander verknüpft sind. Vergessen Sie nicht Anrede und Gruß.
Schreiben Sie mindestens **100** Wörter.

Goethe-Zertifikat B2 | Sprechen
Modelltest 2 | Kandidatenblätter

Kandidatenblätter

Sprechen

circa 15 Minuten

Das Modul *Sprechen* hat zwei Teile.

In **Teil 1** halten Sie einen kurzen Vortrag und sprechen mit Ihrer Gesprächspartnerin / Ihrem Gesprächspartner darüber. Wählen Sie dafür ein Thema (1 oder 2) aus (circa 4 Minuten).

In **Teil 2** tauschen Sie in einer Diskussion Standpunkte aus (circa 5 Minuten).

Ihre Vorbereitungszeit beträgt 15 Minuten (Paarprüfung und Einzelprüfung). Sie bereiten sich allein vor. Sie dürfen sich Notizen machen. In der Prüfung sollen Sie frei sprechen.

Hilfsmittel wie z. B. Wörterbücher oder Mobiltelefone sind nicht erlaubt.

Goethe-Zertifikat B2	Sprechen
Modelltest 2	Kandidatenblätter

Teil 1 — Vortrag halten
Dauer für beide Teilnehmende: circa 8 Minuten

Sie nehmen an einem Seminar teil und sollen dort einen kurzen Vortrag halten.
Wählen Sie ein Thema (Thema 1 oder 2) aus. Ihre Gesprächspartnerinnen / Ihre Gesprächspartner hören zu und stellen Ihnen anschließend Fragen.

Strukturieren Sie Ihren Vortrag mit einer Einleitung, einem Hauptteil und einem Schluss.
Ihre Notizen und Ideen schreiben Sie bitte in der Vorbereitungszeit auf.
Sprechen Sie circa 4 Minuten.

Thema 1

Online-Unterricht

- Beschreiben Sie mehrere Möglichkeiten (z.B. Videochat).
- Beschreiben Sie eine Möglichkeit genauer.
- Nennen Sie Vor- und Nachteile und bewerten Sie diese.

Thema 2

Gesunde Ernährung an Schulen

- Beschreiben Sie mehrere Möglichkeiten (z.B. Kantine).
- Beschreiben Sie eine Möglichkeit genauer.
- Nennen Sie Vor- und Nachteile und bewerten Sie diese.

Teil 2   **Diskussion führen**   Dauer für beide Teilnehmende: circa 5 Minuten

Sie sind Teilnehmende eines Debattierclubs und diskutieren über die Frage.

Soll E-Sport olympisch werden?

- Tauschen Sie Ihren Standpunkt und Ihre Argumente aus.
- Reagieren Sie auf die Argumente Ihrer Gesprächspartnerin / Ihres Gesprächspartners.
- Fassen Sie am Ende zusammen: Sind Sie dafür oder dagegen?

Sie können diese Stichpunkte zu Hilfe nehmen.

Echter Sport?
Fairness ist gegeben?
Neue Art von Wettkämpfen?
Viele / Wenige Fans?
…

MODELLTEST
3

Goethe-Zertifikat B2 　 Lesen
Modelltest 3 　 Kandidatenblätter

Modelltest 3

Kandidatenblätter

Lesen
65 Minuten

Das Modul *Lesen* hat 5 Teile.
Sie lesen mehrere Texte und lösen Aufgaben dazu. Sie können mit jeder Aufgabe beginnen. Für jede Aufgabe gibt es nur eine richtige Lösung.

Vergessen Sie bitte nicht, Ihre Lösungen innerhalb der Prüfungszeit auf den **Antwortbogen** zu schreiben.

Bitte schreiben Sie deutlich und verwenden Sie keinen Bleistift.

Wörterbücher und Mobiltelefone sind nicht erlaubt.

Goethe-Zertifikat B2 — Lesen
Modelltest 3 — Kandidatenblätter

Teil 1 vorgeschlagene Arbeitszeit: 18 Minuten

Sie lesen in einem Forum, was Menschen über technischen Fortschritt im täglichen Leben denken.
Auf welche der vier Personen treffen die einzelnen Aussagen zu? Die Personen können mehrmals gewählt werden.

Beispiel

0   Wer denkt, dass es immer zwei Seiten gibt?   **Lösung: a**

1   Wer will immer die neueste Technik haben?

2   Wer hat Schwierigkeiten dabei, auf dem neuesten Stand zu bleiben?

3   Wer hätte gerne mehr Einfluss auf zukünftige Entwicklungen?

4   Wer findet, der technische Fortschritt wird überschätzt?

5   Wer denkt, dass sich der Mensch zurückentwickelt?

6   Wer will, dass kleine Unternehmen mehr Förderungen erhalten?

7   Wer ist für mehr Regulierungen durch die Regierung?

8   Wer denkt, dass es viele versteckte Gefahren gibt?

9   Wer blickt positiv gestimmt in die Zukunft?

Teil 1

Technischer Fortschritt

a Erik

Die Diskussion über den technischen Fortschritt wird gerne mit der Frage „Fluch oder Segen?" eingeleitet. Ich denke nicht, dass es irgendetwas gibt, das zu 100% positiv oder negativ ist. Es kommt immer darauf an, wie man etwas betrachtet. So war zum Beispiel die landwirtschaftliche Revolution gut für die obere Schicht, aber die Bauern und armen Leute litten unter den neuen Bedingungen. Wenn man einen Blick in die Moderne wirft, kann man Computern und dem Internet viele positive Aspekte zuschreiben und ich finde auch, dass beides großteils gute Erfindungen sind. Aber sie wirken auch negativ auf die Menschheit. So ist zum Beispiel das Hirnvolumen der Menschen geschrumpft und wir werden immer vergesslicher. Durch die Entwicklung von Fast Food kann man zwar viele Menschen ernähren, aber diese Ernährung kann diverse Krankheiten hervorrufen. Man muss immer die positiven und negativen Aspekte abwägen, bevor man sich für etwas entscheidet.

b Katharina

Ich bin ja froh, dass ich meinen Computer und mein Handy einigermaßen bedienen kann. Was in den Geräten vorgeht, weiß ich nicht. Letztes Jahr ging mein Handy plötzlich kaputt und ich musste ein neues kaufen. Der Verkäufer hat mich vollgelabert mit Dingen, die die Smartphones können. Bei der Hälfte wusste ich gar nicht, wovon er da spricht. Also habe ich meinen Cousin angerufen und ihm gesagt, er soll mir eines empfehlen. Es war günstig und ich bin zufrieden. Er hat mir auch eins ausgesucht, dass nicht so viel kann, wie die neuesten Modelle. Ich bin da immer lieber etwas vorsichtiger. Ich will ja nicht aus Versehen etwas Privates im Internet hochladen oder gar gehackt werden. Ich stehe der Technik ja ein bisschen skeptisch gegenüber. Natürlich hat die Technik mein Leben einfacher gemacht. Aber wenn ich nur an Unfälle mit selbstfahrenden Autos denke, finde ich das angsteinflößend.

c Franzi

Derzeit warte ich auf ein Testgerät von einer kleineren Technikfirma. Es ist ein kleiner Glucosesensor. Normalerweise sind diese Sensoren circa 4 cm im Durchmesser und müssen am Körper unter der Kleidung angebracht werden. Der neue sieht aus wie ein einfacher Ring und kann mit dem Handy verbunden werden und zeigt mir dann meinen Glucosespiegel an. Ich habe zwar keinen Diabetes, aber angeblich sollen diese Messungen auch gesunde Menschen bei einer gesunden Ernährung unterstützen, also will ich es ausprobieren. Außerdem kann ich bei neuer Technik nie Nein sagen. Das Projekt läuft über private Investoren. Ich selbst kann nicht viel investieren, aber wenn ich ein interessantes Projekt entdecke, versuche ich sie immer zu unterstützen. So kann ich auch ein wenig am Fortschritt teilhaben. Und die Regierung hat einfach zu wenig Interesse an den kleinen Fischen. Die Fördergelder des Bundes fließen meistens in schon etablierte Firmen. Das finde ich echt schade. Wie kann man so richtige Innovation erwarten?

d Nils

Der technische Fortschritt ist erst in den letzten Jahrzehnten so richtig aufgekommen. Das erste Smartphone ist auch erst vor etwa 15 Jahren auf den Markt gekommen. Und wir dachten, dass wir 2020 schon mit fliegenden Autos zur Arbeit kommen werden. Ich denke zwar nicht, dass der Fortschritt unbedingt schlecht ist, aber er ist noch lange nicht so gut, wie alle immer behaupten. Ich denke ein Grund dafür ist, dass die Forschung auch ziellos ist und sich hauptsächlich an Geld orientiert. Meiner Meinung nach müsste die Regierung härter durchgreifen und Forschungsprojekte regulieren, die nicht das Wohl der Menschheit im Sinne haben. Aber man sieht auch viele Menschen, die genau das versuchen. So werden große Unternehmen durch neue Gesetze dazu bewegt, sich mehr für das Wohl der Umwelt zu interessieren. Das treibt die Forschung in die richtige Richtung.

Teil 2 vorgeschlagene Arbeitszeit: 12 Minuten

Sie lesen in einer Zeitschrift einen Artikel über die Entwicklung von Partnerschaften.
Welche Sätze passen in die Lücken? Zwei Sätze passen nicht.

Ehe und Partnerschaft
Die Entwicklung von Partnerschaften im Laufe der Zeit

Die Ehe gibt es schon länger als die überlieferte Geschichte der Menschen und sie ist immer noch ein zentrales Thema in unserer Gesellschaft. [... 0 ...] Doch im realen Leben wird die Ehe immer weniger bedeutend.

So wurden im Jahr 2021 so wenige Ehen wie noch nie zuvor geschlossen. Wie viel Einfluss die Coronapandemie auf diese Zahlen hatte, muss man in den nächsten Jahren genauer beobachten. [... 10 ...] Diese Frage ist bedeutend, weil 85 % der Paare heiraten, um ihrer „Partnerschaft einen festen Rahmen" zu geben. Aber im Gegensatz dazu kennen viele der Paare die rechtliche Lage der Ehe gar nicht genau. [... 11 ...] Grundsätzlich lässt sich aber sagen, dass die Ehe rechtlich gesehen weniger wert ist als früher.

In Deutschland wird oft gesagt, dass jede zweite Ehe geschieden wird. [... 12 ...] Die Scheidungsrate hat noch nie 50 % erreicht und sinkt seit 2012 stetig. Derzeit wird statistisch gesehen nur jede 3. Ehe geschieden. [... 13 ...] In den 70er Jahren waren die Eheleute bei der Eheschließung durchschnittlich zwischen 23 und 25 Jahre alt. Heute sind die Partner zwischen 31 und 34 Jahre alt. Der Altersunterschied zwischen den Partnern bei heterosexuellen Paaren in Deutschland ist über die Jahre hin konstant bei 2,5 Jahren geblieben. Bei gleichgeschlechtlichen Ehen lässt sich leider noch kein Trend verzeichnen. [... 14 ...] Seitdem gab es viele gleichgeschlechtliche Paare, die ihre Lebenspartnerschaften in Ehen umwandeln ließen.

Wieso gibt es aber trotz schwindender rechtlicher Vorteile noch vergleichsweise viele Ehen? [... 15 ...] Sie verlieben sich, beschließen ein Leben gemeinsam zu verbringen und bekommen Kinder. Eine langjährige Beziehung regeln zu wollen, ist auch etwas sehr Natürliches und die Ehegesetze regeln eine solche Beziehung mit nur einem Vertrag. Sonst müssten verschiedene Anliegen durch eine Vielzahl an Dokumenten geregelt werden und besonders wenn Kinder involviert sind, ist eine Ehe oft die einfachste Lösung. Zudem wird Heiraten nach wie vor als vernünftig und als ein Teil des Lebens, der „einfach irgendwie dazugehört", angesehen.

Teil 2

Beispiel:

0   Romantische Komödien zum Beispiel enden häufig mit einer Hochzeit.

a   Eine Theorie dazu ist, dass sich die Menschen selbst nicht verändert haben.

b   Dies könnte mit dem höheren Alter bei der Eheschließung zu tun haben.

c   Denn während der Pandemie wurden viele geplante Hochzeiten verschoben.

d   Aber immer mehr Menschen fragen sich, ob die Ehe der richtige Rahmen für ihre Beziehungen ist.

e   Denn die Ehe für Alle ist erst seit dem Jahr 2018 gültig.

f   Erst bei einer Scheidung werden die Rechte und Pflichten der Ehepartner wichtig.

g   Das ist jedoch ein Mythos.

h   Die Scheidungsrate in Deutschland ist damit die höchste in der EU.

Teil 3 vorgeschlagene Arbeitszeit: 12 Minuten

Sie lesen in einer Zeitung einen Artikel über den Zusammenhang von Walen und der Klimakrise.
Wählen Sie bei jeder Aufgabe die richtige Lösung.

Wale und die Klimakrise

Wale sind nicht nur großartige Tiere, sie sind auch gigantische Kohlenstoffspeicher. Zudem ernähren sich viele Meerespflanzen durch die Ausscheidungen der Wale. Somit tragen Wale aktiv zum Klimaschutz bei. Leider sind sie aber auch ein Opfer der Klimakrise. Aber wie entscheidend sind Wale wirklich für unsere Umwelt?

Es wird gesagt, dass Wale im Ozean wie Bäume am Land sind. Sie übernehmen tatsächlich eine ähnliche Rolle in puncto CO_2-Speicher. Ein einziger großer Wal hat den gleichen Effekt wie mehr als 1000 Bäume und speichert circa 30 Tonnen CO_2. Doch Wale können noch mehr als Bäume. Wale bewegen sich durch die Meere. Sie tauchen weit in die Tiefen der Meere und kommen immer wieder zum Atmen an die Oberfläche. Durch diese Bewegung durchmischen sie die Meeresschichten. Sie transportieren so wichtige Nährstoffe durch die verschiedenen Wasserschichten und sorgen somit für ein Gleichgewicht im marinen Ökosystem. Eine der wichtigsten Aufgaben der Wale ist es, die Wasseroberfläche zu düngen. Wale scheiden ihren Kot aus, wenn sie Luft holen. Im Walkot befinden sich wichtige Nährstoffe für Wasserpflanzen und Algen, vor allem Phytoplankton gedeihen mit Hilfe des natürlichen Düngers. Diese Pflanzen wachsen an der Meeresoberfläche und binden CO_2 aus der Luft und produzieren nebenbei noch 50 Prozent des Sauerstoffs der Welt. Selbst nach ihrem Tod sind Wale noch wertvoll. Sie sinken mit dem gespeicherten CO_2 an den Meeresboden und werden dort zu Nahrung und Behausung für verschiedenste Tiefseebewohner. In den Knochen der Tiere aber bleibt das CO_2 noch jahrhundertelang gebunden.

Obwohl Wale sehr hilfreich in der Klimakrise sein können, gibt es nicht mehr genug Tiere, um einen großen Effekt zu sehen. Durch den übermäßigen Walfang ist die Zahl der Wale dramatisch zurückgegangen. Aber die Meeressäuger leiden auch durch die Industrie und den Klimawandel. Lärm und Umweltverschmutzung durch Plastik, Chemikalien und Öl in den Meeren zerstören den Lebensraum der Wale. Außerdem gefährden Temperaturschwankungen die Hauptnahrungsquelle der Warmblüter. Zuletzt kommt es immer wieder zu tödlichen Kollisionen mit Frachtschiffen. Einige Walarten sind schon ausgestorben und etliche sind vom Aussterben bedroht. Dass Wale geschützt werden müssen, ist kristallklar. Doch bedeutet Walschutz auch Klimaschutz?

Walschutz und Klimaschutz hängen eng zusammen. Wer Wale schützt, setzt ein wichtiges Zeichen für den Klimaschutz, aber die Ergebnisse können sehr lange auf sich warten lassen. Denn Wale wachsen unglaublich langsam. Um die Walpopulation wiederherzustellen, kann es bis zu 1000 Jahre dauern, wenn es überhaupt möglich ist. Dennoch sollte so schnell wie möglich gehandelt werden, um noch schlimmere Folgen zu verhindern.

Teil 3

Beispiel:

0   Wie helfen Wale den Meerespflanzen?

   a Sie helfen dabei, die Samen zu verteilen.
   ☒ Sie liefern ihnen wichtige Nährstoffe.
   c Sie essen die Algen und schaffen somit mehr Platz.

16 Wale im Ozean sind wie Bäume am Land, weil …

   a sie genauso lange leben wie Bäume.
   b sie das Ökosystem stabilisieren.
   c sie viel Kohlendioxid aufnehmen können.

17 Welchen Vorteil haben Wale gegenüber Bäumen?

   a Wale können sich bewegen und somit das Ökosystem beeinflussen.
   b Wale beeinflussen das Ökosystem des Meeres nicht.
   c Bäume sind auf Regen angewiesen, Wale können sich selbst ernähren.

18 Wale sind auch nach ihrem Tod noch bedeutend, denn…

   a sie ernähren zahlreiche Tiere am Meeresboden.
   b sie werden langsam unter dem Wasserdruck zu Erdöl.
   c ihre Knochen können weiterhin neues CO_2 binden.

19 Warum gibt es heutzutage deutlich weniger Wale als früher?

   a Viele Wale ersticken an Plastikmüll im Meer.
   b Wale sterben bei großen Temperaturschwankungen.
   c Wale waren ein besonders beliebtes Ziel von Fischern.

20 Die Temperaturschwankungen sind gefährlich, da …

   a Wale Warmblüter sind und leicht überhitzen.
   b die Nahrung der Wale nur in bestimmten Temperaturen leben kann.
   c sich Chemikalien in warmem Wasser schneller verteilen.

21 Sind Walschutz und Klimaschutz dasselbe?

   a Nein, aber Walschutz ist ein Teil des Klimaschutzes.
   b Ja, wenn man die Wale schützt, kann man auch das Klima retten.
   c Nein, der Walschutz hat nichts mit dem Klima zu tun.

Goethe-Zertifikat B2 — Lesen
Modelltest 3 — Kandidatenblätter

Teil 4 vorgeschlagene Arbeitszeit: 12 Minuten

Sie lesen in einer Zeitschrift Meinungsäußerungen zu dem Thema „Studium im Ausland".
Welche Äußerung passt zu welcher Überschrift? Eine Äußerung passt nicht. Die Äußerung a ist das Beispiel und kann nicht noch einmal verwendet werden.

Beispiel

0   Ein Auslandsstudium ist nicht immer ein Pluspunkt   **Lösung: a**

22   Fremdsprachen kann man auch im Internet lernen

23   Jede Auslandserfahrung ist wertvoll

24   Vielseitige Kontakte bieten einzigartige Möglichkeiten

25   Austauschstudenten feiern nur

26   Aus Schwierigkeiten kann man lernen

27   Das Zurückkommen ist schwer

Teil 4

Studium im Ausland

a Früher wurde das Studium im Ausland von Arbeitgebern immer als positiv bewertet. Aber viele Menschen studieren im Ausland, weil sie wegen des NC in Deutschland nicht für ihr Studium zugelassen wurden. Außerdem sind nicht alle Universitäten im Ausland auf dem Niveau der heimischen. Man muss also aufpassen.

Holger, Bergisch Gladbach

b Ein Studium im Ausland kostet fast immer mehr. Selbst wenn man ein gutes Stipendium bekommt, fallen viele Nebenkosten an. Zudem gibt es viele mögliche Stressfaktoren. Die erworbenen Fremdsprachenkenntnisse und interkulturellen Kompetenzen sind den Aufwand nicht wert.

Lili, Munderkingen

c Ein Aufenthalt im Ausland verändert einen. Je länger man im Ausland bleibt, desto deutlicher wird der Unterschied. Obwohl man sich selbst stark verändert, bleibt Zuhause fast alles gleich. Die Menschen, die Straße, die Umgebung... Das ist für die Psyche nicht leicht.

Ursula, Oberhausen

d Wenn man das komplette Studium im Ausland absolviert, ist es vielleicht ein bisschen anders, aber Austauschstudenten leisten deutlich weniger als andere Studenten. Die Sprachbarriere ist da meist nur eine Ausrede. Wie sollte man denn auch Prüfungen bestehen, wenn man jede Nacht in den Club geht?

Marie, Haale

e Besonders für junge Menschen ist es wichtig, die Welt zu sehen. Nur so können sie sich selbst kennenlernen und herausfinden, was sie wirklich wollen. Wie diese Reise in die Fremde gestaltet wird, ist nicht von Bedeutung. Man sollte sich einfach auf sich und das Erlebnis konzentrieren.

Benjamin, Meyenburg

f Bei einem Auslandsstudium kann man nicht nur Menschen aus dem Zielland kennenlernen. Man trifft Menschen aus der ganzen Welt. Und diese Freundschaften und Beziehungen können Türen in zuvor unbekannte Gebiete öffnen, die man ohne den Auslandsaufenthalt nie erreicht hätte.

Diethard, Hildesheim

g Als Pluspunkt eines Auslandsstudiums wird immer die Fremdsprache genannt. Aber kann man eine Sprache nicht auch einfach online lernen? Im Unterricht, ob vor Ort oder hierzulande, gibt es Grenzen, aber wenn man eine Sprache richtig gut beherrschen will, muss man ins Netz und sie dort ausprobieren.

Udo, Jever

h Das Leben im Ausland hat viele positive Seiten, aber auch ohne Zweifel seine Schattenseiten. Aber genau diese dunklen Momente sind es, die einen stärker machen. Sie sind bedeutsam für die eigene Entwicklung. In schweren Zeiten kann man sein wahres Ich entdecken und echte Stärke beweisen.

Sarah, Donaueschingen

Teil 5 vorgeschlagene Arbeitszeit: 6 Minuten

Sie möchten Trainingseinheiten buchen und lesen die allgemeinen Teilnahmebedingungen. Welche der Überschriften aus dem Inhaltsverzeichnis passen zu den Paragrafen? Vier Überschriften werden nicht gebraucht.

Beispiel: 0 Lösung c

Allgemeine Teilnahmebedingungen Personal Training

Inhaltsverzeichnis

a Vertragsdauer

b Vertragsgegenstand

~~c~~ Allgemeines

d Geheimhaltung

e Leistungsgegenstand

f Zahlungsbedingungen

g Obliegenheiten des Kunden

h Datenschutz

§ 0

Für den Vertrag zwischen Trainer und Kunde/in (nachfolgend „Kunde") gelten ausschließlich die nachfolgenden Allgemeinen Teilnahmebedingungen Personal Training in ihrer zum Zeitpunkt des Vertragsabschlusses gültigen Fassung.

§ 28

Der Kunde ist verpflichtet, zu Beginn der Trainingsstunde den Trainer über seine Sporttauglichkeit unaufgefordert zu informieren. Der Kunde muss seine eigenen Fähigkeiten einschätzen und nur Übungen ausführen, denen er sich gewachsen fühlt. Im Falle plötzlich auftretender Gesundheits- oder Befindlichkeitsstörungen während des Trainings, ist der Kunde verpflichtet, den Trainer umgehend darüber in Kenntnis zu setzen.

§ 29

Zwischen dem Trainer und dem Kunden werden grundsätzlich nur befristete Verträge abgeschlossen. Die Dauer ist dem Vertrag zu entnehmen. Der Kunde hat das Recht, 14 Tage nach Vertragsabschluss ohne Angabe von Gründen vom Vertrag zurückzutreten. Die Kündigung nach Ablauf des Rücktrittsrechts ist ausgeschlossen, es sei denn, es bestehen dauerhafte medizinische Probleme, die eine Fortsetzung des Vertrages für Kunden oder Trainer unmöglich machen.

§ 30

Der Trainer verpflichtet sich, über alle im Zusammenhang mit der Erfüllung des Trainings bekannt gewordenen Informationen und Details des Kunden Stillschweigen zu bewahren. Diese Verpflichtung bleibt auch nach der Beendigung des Vertragsverhältnisses zwischen dem Trainer und dem Kunden bestehen.

Kandidatenblätter

Hören
40 Minuten

Das Modul *Hören* hat vier Teile.
Sie hören mehrere Texte und lösen Aufgaben dazu.

Lesen Sie jeweils zuerst die Aufgaben und hören Sie dann den Text dazu.

Vergessen Sie bitte nicht, Ihre Lösungen auf den **Antwortbogen** zu übertragen.
Dazu haben Sie nach dem Modul Hören fünf Minuten Zeit.

Bitte markieren Sie deutlich und verwenden Sie keinen Bleistift.

Am Ende jeder Pause hören Sie dieses Signal: ♫

Wörterbücher und Mobiltelefone sind nicht erlaubt.

듣기 시험 음성 QR

재생 시간은 듣기시험 전체 재생 시간과 동일하며, 중단 없이 들으면서 동시에 문제를 풀어야 합니다.

Goethe-Zertifikat B2 | **Hören**
Modelltest 3 | Kandidatenblätter

Teil 1

Sie hören fünf Gespräche und Äußerungen.
Sie hören jeden Text **einmal**. Zu jedem Text lösen Sie zwei Aufgaben. Wählen Sie bei jeder Aufgabe die richtige Lösung.
Lesen Sie jetzt das Beispiel. Dazu haben Sie 15 Sekunden Zeit.

Beispiel

01 Der Mann war von den kulturellen Unterschieden überrascht. ☒ Richtig ☐ Falsch

02 In manchen Ländern ist es normal …
  ☐ a nicht zu Meetings zu kommen.
  ☒ b zu spät zu Partys zu kommen.
  ☐ c immer zu früh zu kommen.

1 Der Mann hat viele Freunde bei seinem Hobby kennengelernt. ☐ Richtig ☐ Falsch

2 Was gefällt dem Mann nicht an seinem Hobby?
  ☐ a Es gibt zu viele Probleme.
  ☐ b Man ist nicht gesichert.
  ☐ c Er muss sehr beweglich sein.

3 Annemarie konnte gestern Nacht nicht viel schlafen. ☐ Richtig ☐ Falsch

4 Sie waren bis spät in die Nacht …
  ☐ a in einer Bar mit Livemusik.
  ☐ b in einem schicken Restaurant.
  ☐ c auf einer Hochzeit.

5 Der Moderator meint, dass Kinder der Umwelt schaden. ☐ Richtig ☐ Falsch

6 Die Frau denkt, dass Kinder …
  ☐ a zu viel CO_2 produzieren.
  ☐ b kein CO_2 produzieren.
  ☐ c die Entscheidung von jedem selbst sind.

7 Die Frau bezahlt eine Leihgebühr für die Bücher. ☐ Richtig ☐ Falsch

8 Wenn man die Gebühr nicht bezahlt, darf man sich …
  ☐ a drei Wochen lang nichts ausleihen.
  ☐ b nie wieder ein Buch ausleihen.
  ☐ c nach einer gewissen Zeit wieder ein Buch ausleihen.

9 Das Medikament wurde auch in der EU zugelassen. ☐ Richtig ☐ Falsch

10 Das Medikament wird kritisiert, weil …
  ☐ a es schwere Nebenwirkungen hat.
  ☐ b es nur bei milden Fällen wirkt.
  ☐ c es die Krankheit nicht heilt.

Teil 2

Sie hören im Radio ein Interview mit einer Persönlichkeit aus der Wissenschaft.
Sie hören den Text **zweimal**. Wählen Sie bei jeder Aufgabe die richtige Lösung.
Lesen Sie jetzt die Aufgaben 11 bis 16. Dazu haben Sie 90 Sekunden Zeit.

11 Frau Dr. Martin erwartet, …
- a dass sich die kommerzielle Raumfahrt weiterentwickelt.
- b dass in den nächsten Monaten wieder Menschen auf dem Mond landen.
- c dass man bald Pakete zum Mond schicken kann.

12 Ein Kurzurlaub auf dem Mond …
- a wird noch lange nicht möglich sein.
- b könnte bald Realität werden.
- c ist viel zu teuer für normale Menschen.

13 Was steht einer Reise noch im Weg?
- a Es gibt derzeit keine Rakete, die den Mond erreichen kann.
- b Es fehlen die Einrichtungen für ein angenehmes Leben.
- c Man braucht eine Astronautenausbildung, um ins All zu fliegen.

14 Wie kann Geld in der Raumfahrt gespart werden?
- a Man kann billigeren Treibstoff verwenden.
- b Man kann besser temperierte Raketen bauen.
- c Man kann wiederverwendbare Raketen entwickeln.

15 Frau Dr. Martin denkt, …
- a dass der Mars zu weit entfernt und nicht erreichbar ist.
- b es ist noch unklar, wann die Menschen den Mars erreichen können.
- c es gibt keinen richtigen Grund, den Mars erreichen zu müssen.

16 Es ist unwahrscheinlich, dass …
- a unbemannte Raumschiffe ein anderes Sonnensystem erreichen.
- b Menschen in ein anderes Sonnensystem reisen werden.
- c es Lebewesen in anderen Sonnensystemen gibt.

Goethe-Zertifikat B2 Hören
Modelltest 3 — Kandidatenblätter

Teil 3

Sie hören im Radio ein Gespräch mit mehreren Personen. Die Personen sprechen über alternative Lebensformen.
Sie hören den Text **einmal**. Wählen Sie bei jeder Aufgabe: Wer sagt das?
Lesen Sie jetzt die Aufgaben 17 bis 22. Dazu haben Sie 60 Sekunden Zeit.

Beispiel

0 Minimalismus steht dem Konsumwahn kritisch gegenüber.

[x] Moderator [ ] b Frau Heimer, Mutter [ ] c Frau Fröhlich, Studentin

17 Er/ Sie hat früher minimalistisch gelebt und würde es auch gerne wieder tun.
[ ] a Moderator [ ] b Frau Heimer, Mutter [ ] c Frau Fröhlich, Studentin

18 Leere minimalistische Lebensräume sind etwas Positives.
[ ] a Moderator [ ] b Frau Heimer, Mutter [ ] c Frau Fröhlich, Studentin

19 Alle Deutschen sollten wahrscheinlich mehr Dinge entsorgen.
[ ] a Moderator [ ] b Frau Heimer, Mutter [ ] c Frau Fröhlich, Studentin

20 Eine zu kleine Wohnung ist nicht das Richtige für Minimalisten.
[ ] a Moderator [ ] b Frau Heimer, Mutter [ ] c Frau Fröhlich, Studentin

21 Das Konzept, für alles einen Platz zu haben, ist sinnvoll.
[ ] a Moderator [ ] b Frau Heimer, Mutter [ ] c Frau Fröhlich, Studentin

22 Eine minimalistische Einstellung zur Arbeit ist auch interessant.
[ ] a Moderator [ ] b Frau Heimer, Mutter [ ] c Frau Fröhlich, Studentin

Goethe-Zertifikat B2 | Hören
Modelltest 3 | Kandidatenblätter

Teil 4

Sie hören einen kurzen Vortrag. Der Redner spricht über das Thema „Lebensmittelverschwendung".
Sie hören den Text **zweimal**. Wählen Sie bei jeder Aufgabe die richtige Lösung.
Lesen Sie jetzt die Aufgaben 23 bis 30. Dazu haben Sie 90 Sekunden Zeit.

23 Das Ziel von „Foodsharing" ist,
- a das Teilen von Lebensmitteln selbstverständlich zu machen.
- b Essen an möglichst viele Menschen zu verteilen.
- c die Lebensmittelverschwendung einzudämmen.

24 Jeder Deutsche produziert zu Hause ...
- a etwa 70 Kilo Biomüll.
- b etwa 40 Kilo vermeidbare Lebensmittelabfälle.
- c etwa 50 % der gesamten Lebensmittelabfälle.

25 Wie kämpfen Supermärkte gegen die Verschwendung?
- a Sie bieten besonders günstige Produkte an.
- b Sie haben spezielle Rabatte für abgelaufene Produkte.
- c Sie bieten Produkte kurz vor Ablauf der Mindesthaltbarkeit günstiger an.

26 Manche Lebensmittel können nicht mehr verkauft werden, weil ...
- a sie leicht beschädigt wurden.
- b das Mindesthaltbarkeitsdatum bald vorbei ist.
- c sie nicht gut schmecken.

27 Um Lebensmittel zu teilen, muss man ...
- a ein Unternehmen haben.
- b sich im Internet anmelden.
- c die Lebensmittel zur Sammelstelle bringen.

28 Welche Auswirkungen hat das Teilen von Lebensmitteln?
- a Es werden insgesamt weniger Lebensmittel benötigt.
- b Die Lebensmittel können günstiger verkauft werden.
- c Die Umverteilung der Lebensmittel verursacht neue Transportwege.

29 Wie kann jeder einen Teil zur Reduktion von Lebensmittelverschwendung beitragen?
- a Indem wir alles, was wir kaufen, einfach mit anderen teilen.
- b Indem wir Unternehmen bei „Foodsharing" anmelden.
- c Indem wir über unser Konsumverhalten nachdenken.

30 Was kann man tun, um weniger Lebensmittel zu verschwenden?
- a Man kann nur kaufen, was man braucht, und die richtige Lagerung lernen.
- b Man kann alles essen, was im Kühlschrank ist und den Rest mit den Nachbarn teilen.
- c Man kann frisches Gemüse und Essensreste einfrieren.

Goethe-Zertifikat B2 — **Schreiben**
Modelltest 3 — Kandidatenblätter

Kandidatenblätter

Schreiben
75 Minuten

Das Modul Schreiben hat zwei Teile.

In **Teil 1**
schreiben Sie einen Forumsbeitrag.

In **Teil 2**
schreiben Sie eine Nachricht.

Sie können mit jeder Aufgabe beginnen. Schreiben Sie Ihre Texte auf die **Antwortbogen**.

Bitte schreiben Sie deutlich und verwenden Sie keinen Bleistift.

Wörterbücher und Mobiltelefone sind nicht erlaubt.

Goethe-Zertifikat B2 | Schreiben
Modelltest 3 | Kandidatenblätter

Teil 1 vorgeschlagene Arbeitszeit: 50 Minuten

Sie schreiben einen Forumsbeitrag zu dem Thema „gesundes Arbeitsklima".

- Äußern Sie Ihre Meinung zu einem gesunden Arbeitsklima in der Firma.
- Nennen Sie Gründe, warum ein gesundes Arbeitsklima wichtig ist.
- Nennen Sie verschiedene Möglichkeiten, ein gesundes Arbeitsklima zu schaffen.
- Nennen Sie Vorteile der Möglichkeiten.

Denken Sie an eine Einleitung und einen Schluss.
Bei der Bewertung wird darauf geachtet, wie genau die Inhaltspunkte bearbeitet sind, wie korrekt der Text ist und wie gut die Sätze und Abschnitte sprachlich miteinander verknüpft sind.
Schreiben Sie mindestens **150** Wörter.

Teil 2 vorgeschlagene Arbeitszeit: 25 Minuten

Sie arbeiten jede Woche zehn Stunden in einem Café. Ihr Stundenplan hat sich verändert und Sie können nicht mehr zur gleichen Zeit arbeiten. Schreiben Sie eine Nachricht an Ihren Vorgesetzten, Herrn Emmerich.

- Zeigen Sie Verständnis für die Situation im Café.
- Bitten Sie um Verständnis für Ihre Situation.
- Machen Sie einen Vorschlag für die Zukunft.
- Beschreiben Sie, warum Sie Ihre Stunden wechseln möchten.

Überlegen Sie sich eine passende Reihenfolge für die Inhaltspunkte.
Bei der Bewertung wird darauf geachtet, wie genau die Inhaltspunkte bearbeitet sind, wie korrekt der Text ist und wie gut die Sätze und Abschnitte sprachlich miteinander verknüpft sind. Vergessen Sie nicht Anrede und Gruß.
Schreiben Sie mindestens **100** Wörter.

Kandidatenblätter

Sprechen
circa 15 Minuten

Das Modul *Sprechen* hat zwei Teile.

In **Teil 1** halten Sie einen kurzen Vortrag und sprechen mit Ihrer Gesprächspartnerin / Ihrem Gesprächspartner darüber. Wählen Sie dafür ein Thema (1 oder 2) aus (circa 4 Minuten).

In **Teil 2** tauschen Sie in einer Diskussion Standpunkte aus (circa 5 Minuten).

Ihre Vorbereitungszeit beträgt 15 Minuten (Paarprüfung und Einzelprüfung). Sie bereiten sich allein vor. Sie dürfen sich Notizen machen. In der Prüfung sollen Sie frei sprechen.

Hilfsmittel wie z. B. Wörterbücher oder Mobiltelefone sind nicht erlaubt.

Goethe-Zertifikat B2	Sprechen
Modelltest 3	Kandidatenblätter

Teil 1 Vortrag halten
Dauer für beide Teilnehmende: circa 8 Minuten

Sie nehmen an einem Seminar teil und sollen dort einen kurzen Vortrag halten.
Wählen Sie ein Thema (Thema 1 oder 2) aus. Ihre Gesprächspartnerinnen / Ihre Gesprächspartner hören zu und stellen Ihnen anschließend Fragen.

Strukturieren Sie Ihren Vortrag mit einer Einleitung, einem Hauptteil und einem Schluss.
Ihre Notizen und Ideen schreiben Sie bitte in der Vorbereitungszeit auf.
Sprechen Sie circa 4 Minuten.

Thema 1

Moderne Partnersuche

- Beschreiben Sie mehrere Möglichkeiten (z.B. Dating-Apps).
- Beschreiben Sie eine Möglichkeit genauer.
- Nennen Sie Vor- und Nachteile und bewerten Sie diese.

Thema 2

Energiesparen im Alltag

- Beschreiben Sie mehrere Möglichkeiten (z.B. Heizung).
- Beschreiben Sie eine Möglichkeit genauer.
- Nennen Sie Vor- und Nachteile und bewerten Sie diese.

Teil 2 **Diskussion führen** Dauer für beide Teilnehmende: circa 5 Minuten

Sie sind Teilnehmende eines Debattierclubs und diskutieren über die Frage.

Soll die Null-Promille-Grenze im Straßenverkehr gelten?

- Tauschen Sie Ihren Standpunkt und Ihre Argumente aus.
- Reagieren Sie auf die Argumente Ihrer Gesprächspartnerin / Ihres Gesprächspartners.
- Fassen Sie am Ende zusammen: Sind Sie dafür oder dagegen?

Sie können diese Stichpunkte zu Hilfe nehmen.

Unfälle nehmen zu / ab?
Bessere / Schlechtere Selbsteinschätzung?
Messbarkeit ist gegeben?
Andere Gefahren am Steuer?
…

정답

Lösungen

Modelltest 1

정답 해설   듣기 지문

Lesen

Teil 1

1 b   2 c   3 d   4 c

5 b   6 a   7 d   8 a

9 b

Teil 2

10 c   11 g   12 b   13 d

14 h   15 f

Teil 3

16 a   17 b   18 a   19 b

20 c   21 c

Teil 4

22 d   23 c   24 h   25 b

26 e   27 g

Teil 5

28 e   29 c   30 f

Hören

Teil 1

1 Falsch   2 b   3 Richtig   4 b

5 Falsch   6 a   7 Falsch   8 c

9 Richtig   10 a

Teil 2

11 c   12 b   13 b   14 a

15 c   16 a

Teil 3

17 c   18 b   19 a   20 c

21 a   22 b

Teil 4

23 c   24 b   25 b   26 a

27 c   28 a   29 c   30 c

Schreiben

Beispiellösung

Teil 1

Heutzutage bezahlen immer mehr Menschen mit dem Smartphone. Es gibt sehr viele verschiedene Möglichkeiten, um eine solche Zahlung durchzuführen. Vor allem junge Menschen bevorzugen das kontaktlose Bezahlen mit dem Handy.

Ich bin der Meinung, dass das Bezahlen mit dem Smartphone einige Vorteile mit sich bringt. So kann man zum Beispiel sehr schnell und bequem bezahlen. Die meisten Menschen tragen ihr Mobiltelefon immer bei sich und müssen bei der Kasse erst nach der Geldbörse suchen. Wenn man aber mit dem Smartphone bezahlen kann, spart man Zeit.

Zudem ist das kontaktlose Bezahlen hygienisch, weil man kein Bargeld anfassen muss. Während der Pandemie hat dies das Risiko einer Infektion reduziert.

Allerdings gibt es auch Nachteile. Man kann nicht überall mit dem Handy bezahlen und es gibt viele verschiedene Anbieter, also braucht man nicht nur eine App, sondern mehrere. Wenn man mit Karte oder Bar bezahlt, hat man diese Probleme nicht. Auch wenn meine Karte von einer anderen Bank ist, kann ein Kartenlesegerät meine Karte erkennen.

Dennoch denke ich, dass das Bezahlen mit dem Handy eine positive Entwicklung ist. Ich bin zuversichtlich, dass man in Zukunft häufiger mit dem Handy bezahlen wird.

(188 Wörter)

Teil 2

Sehr geehrter Herr Peters,

ich schreibe Ihnen, weil es einen Zwischenfall bei mir zu Hause gab. Meine Großmutter ist gestern Nacht plötzlich verstorben. Um nach Hause zu fliegen und meine Familie zu unterstützen, brauche ich von Mittwoch bis Freitag drei Tage frei. Es ist mir bewusst, dass derzeit aufgrund des Weihnachtsgeschäfts sehr viel zu tun ist.

Da viele Kundenanfragen per E-Mail kommen, möchte ich Ihnen vorschlagen, dass ich jeden Abend ein paar E-Mails beantworten kann, um meine Kollegen zu entlasten. Zudem bin ich im Notfall auch telefonisch erreichbar. In dieser schweren Zeit möchte ich gerne bei meiner Familie sein. Ich bitte um Ihr Verständnis.

Vielen Dank im Voraus.

Mit freundlichen Grüßen
Vorname Nachname

(113 Wörter)

Sprechen

Einleitung

Prüfer/-in 1
Herzlich willkommen zur mündlichen Goethe-Zertifikat B2 Prüfung. Mein Name ist (Prüfer/-in 1) und das ist mein/-e Kollege / Kollegin (Prüfer/-in 2). Wie heißen Sie bitte?

Teilnehmende/-r 1
Mein Name ist (Teilnehmende/-r 1).

Prüfer/-in 1
Woher kommen Sie, Frau / Herr (Teilnehmende/-r 1)?

Teilnehmende/-r 1
Ich komme aus […] Ich bin schon seit […] in Deutschland und lerne seit […] Jahren Deutsch.

Prüfer/-in 1
Und wie heißen Sie?

Teilnehmende/-r 2
Mein Name ist (Teilnehmende/-r 2).

Prüfer/-in 1
Woher kommen Sie, Frau / Herr (Teilnehmende/-r 2)?

Teilnehmende/-r 2
Ich komme aus […] Ich bin schon seit […] in Deutschland und lerne seit […] Jahren Deutsch.

Prüfer/-in 1
Vielen Dank.

Teil 1

Prüfer/-in 1
Beginnen wir nun mit Teil 1. In Teil 1 halten Sie einen Vortrag und wir hören Ihnen zu und stellen Ihnen am Ende des Vortrags Fragen. Wer möchte denn beginnen?

Teilnehmende/-r 1
Ich kann anfangen.

Prüfer/-in 1
Sehr gerne. Noch ein Tipp, bevor Sie beginnen. Sprechen Sie möglichst frei und strukturieren Sie Ihren Vortrag mit einer Einleitung, einem Hauptteil und einem Schluss. Bitte.

Teilnehmende/-r 1
Die Auszeit nach dem Abitur ist für viele junge Menschen eine gute Möglichkeit, etwas auszuprobieren, das sie sonst nicht machen könnten. Es gibt verschiedene Gründe, die für eine Auszeit sprechen. So kann man in dieser Zeit Auslandserfahrungen sammeln. Zudem kann man sich Zeit nehmen, um neue Seiten von sich selbst kennenzulernen. Beides kann bei der späteren Studien- und Berufswahl helfen. Man kann auch Geld für das Studium verdienen oder ein freiwilliges soziales Jahr absolvieren.
Ich möchte nun etwas genauer auf die Auslandserfahrung eingehen. Für viele ist es schwierig, während der Schulzeit ins Ausland zu gehen, weil sie Angst haben, etwas zu verpassen. Außerdem ist es einfacher, ins Ausland zu gehen, wenn man erwachsen ist.
Nach dem Schulabschluss hat man zwar meistens nicht viel Geld zur Verfügung, aber genau das macht den Auslandsaufenthalt so interessant. Man kann zum Beispiel ein Working-Holiday-Visum beantragen und mit wenig Geld in einem fremden Land leben. So lernt man nicht nur viele wichtige Lektionen über das Leben, sondern man kann diese Zeit auch nutzen, um über die Zukunft nachzudenken. In der Schule hat man meist nur begrenzte Kontakte und man weiß oft gar nicht, was es alles in der Welt gibt. Im Ausland kann man mehr über die Welt erfahren.
Ein Nachteil könnte natürlich sein, dass man erst später zu studieren beginnt, aber viele Studenten wechseln den Studiengang im ersten Jahr. Daher bin ich der Meinung, dass man gar nicht so viel Zeit verliert. Alles in allem denke ich, dass ein Auslands-

aufenthalt nach dem Abi eine gute Möglichkeit für junge Menschen ist.

Prüfer/-in 1
Das war ein sehr interessanter Vortrag. Ich hätte noch eine Frage. Haben Sie selbst eine Auszeit nach Ihrem Schulabschluss gemacht?

Teilnehmende/-r 1
Nein, nicht wirklich. Ich habe nur eine Reise nach dem Abschluss gemacht. Aber nach meinem ersten Jahr an der Uni habe ich 6 Monate in Deutschland gelebt. Vielleicht hätte ich das etwas früher machen sollen.

Prüfer/-in 1
(Teilnehmende/-r 2), haben Sie auch eine Frage?

Teilnehmende/-r 2
Ja, ich habe eine Frage. Gibt es in Ihrem Heimatland viele junge Menschen, die eine Pause vor dem Studium machen?

Teilnehmende/-r 1
Es gibt ein paar. Aber die meisten machen eine Pause während des Studiums. Das ist einfacher in meinem Heimatland.

Prüfer/-in 1
Vielen Dank. (Teilnehmende/-r 2), wenn Sie bereit sind, können Sie mit Ihrem Vortrag beginnen. Auch für Sie noch einmal der Tipp: Sprechen Sie möglichst frei und strukturieren Sie Ihren Vortrag mit einer Einleitung, einem Hauptteil und einem Schluss.

Teilnehmende/-r 2
Vielen Dank.
Ich spreche heute über die Digitalisierung. Die Digitalisierung hat einen großen Einfluss auf unser Leben in vielen Bereichen. Zum Beispiel spielt in den Bereichen Bildung und Unterhaltung das Internet eine immer größere Rolle. Aber auch in der Medizin oder der Verwaltung sind wir immer öfter auf Daten und Computer angewiesen. Auch Einkaufen oder Reisen funktioniert heutzutage nicht mehr ohne das Internet.
Das Gesundheitswesen hat etwas länger gebraucht, um die Digitalisierung zu akzeptieren. Aber inzwischen helfen Smartphones und Smartwatches bei der Überwachung der Vitaldaten von Patienten und Patientinnen. Außerdem können sie uns helfen, ein gesünderes Leben zu führen. Zudem werden Ärzte immer häufiger von künstlicher Intelligenz bei der Arbeit unterstützt. Ein Beispiel dafür ist die Analyse von MRT-Bildern. Mit Hilfe der Digitalisierung kann man auch Krankheiten besser verstehen, Therapien personalisieren und vielen Menschen gleichzeitig helfen.
Aber es gibt auch Nachteile der Digitalisierung im Gesundheitswesen. Ein Problem ist der Datenschutz. Wenn alle Patientendaten digital, also online verfügbar sind, können sie auch das Ziel von Hacking-Angriffen werden. Nur wenn die Daten ordentlich geschützt werden können, ist eine Digitalisierung im Gesundheitsbereich sinnvoll.
Meiner Meinung nach ist die Digitalisierung im Gesundheitswesen noch nicht reif, um großflächig eingesetzt zu werden. Wir müssen erst einen Weg finden, um das System fair und sicher zu gestalten. Und danach können wir mehr und mehr im medizinischen Bereich digitalisieren.
Vielen Dank für Ihre Aufmerksamkeit.

Prüfer/-in 1
Das war auch sehr informativ. Vielen Dank. Ich habe noch eine Frage an Sie. Verwenden Sie selbst eine Smartwatch?

Teilnehmende/-r 2
Nein, ich verwende keine Smartwatch, aber ich habe schon oft darüber nachgedacht, mir eine zu kaufen. Vielleicht werde ich es bald auch machen.

Prüfer/-in 1
(Teilnehmende/-r 1), haben Sie auch eine Frage?

Teilnehmende/-r 1
Ja. Warum möchten Sie sich eine Smartwatch kaufen?

Teilnehmende/-r 2
Ich denke, die Uhr könnte mir dabei helfen, gesünder zu leben. Ein Freund von mir hat eine Uhr und er sagt, dass er beim Lernen öfter aufsteht und sich bewegt. Er versucht auch mehr zu Fuß zu gehen. Ich denke, das würde mir auch guttun.

Prüfer/-in 1
Vielen Dank. Das war Teil 1.

Teil 2

Prüfer/-in 1
Beginnen wir nun mit Teil 2. In Teil 2 führen Sie gemeinsam eine Diskussion. Es geht um die Frage „Soll Programmieren ein Pflichtschulfach werden?". Tauschen Sie Ihren Standpunkt und Ihre Argumente aus. Vergessen Sie nicht, auf das Warum einzugehen. Reagieren Sie auf die Argumente Ihrer Gesprächspartnerin / Ihres Gesprächspartners und fassen Sie am Ende zusammen: Sind Sie dafür oder dagegen?

Teilnehmende/-r 1
Wir sollten über die Frage, ob Programmieren ein Pflichtschulfach werden soll, diskutieren. Programmieren wird immer wichtiger für viele verschiedene Berufe. In meiner Schule gab es Informatikunterricht. Wir haben auch ein bisschen Programmieren gelernt, aber ich kann heute fast gar nichts mehr. Wie sieht es bei Ihnen aus?

Teilnehmende/-r 2
Wir haben in der Schule das Programmieren nicht gelernt. Ich denke, für meine Generation ist das noch in Ordnung. Aber wenn meine Kinder in die Schule gehen, möchte ich, dass sie zumindest die Grundlagen verstehen. Die Technik entwickelt sich immer weiter und wenn man kein Grundwissen hat, wird man leicht ein Opfer von Cyberkriminalität.

Teilnehmende/-r 1
Da stimme ich Ihnen zu. Ich bin auch der Meinung, dass Kinder sich nur mit Wissen über Programme und das Internet schützen können. Zudem denke ich, dass sich Kinder heutzutage mehr für Themen wie Computer und Programmieren interessieren. Viele Kinder spielen lieber Computerspiele als fernzusehen.

Teilnehmende/-r 2
Da kann ich Ihnen nur teilweise zustimmen. Ich denke zwar auch, dass Jugendliche mehr Interesse an der Technik haben. Meiner Meinung nach sind aber die Jobchancen der Auslöser dafür. Als Softwareentwickler kann man viel Geld verdienen, manche verdienen sogar mehr als Ärzte.

Teilnehmende/-r 1
Das ist eine interessante Überlegung. Ich weiß nicht, ob Schüler schon in diesem Alter an den zukünftigen Beruf denken. Deshalb bin ich aber auch der Meinung, dass Programmieren an der Schule gelehrt werden sollte. Selbst wenn die Schüler nicht in der IT-Branche arbeiten, hilft es immer ein bisschen von der Technik zu verstehen, denn fast jeder arbeitet an einem Computer.

Teilnehmende/-r 2
Ja, das ist ein wichtiger Punkt. Aber die Technik verändert sich sehr schnell und es könnte schwierig sein, den Schülern die aktuellsten Tricks und Methoden beizubringen. Zudem ist eine Programmiersprache nicht einfach zu lernen. Obwohl es manchen Schülern und Schülerinnen bestimmt Spaß machen wird, ist es für andere vielleicht zu schwierig.

Teilnehmende/-r 1
Mit dieser Aussage könnten Sie recht haben. Die Technik entwickelt sich ohne Frage sehr schnell, aber ich denke nicht, dass es wichtig für die Schüler ist, die neuesten Methoden zu lernen. In der Schule sollte man sich auf eine Programmiersprache fokussieren. Wer später noch mehr lernen will, hat schon einmal den ersten Schritt getan. Darauf kommt es an.

Teilnehmende/-r 2
Das stimmt auf jeden Fall. Abschließend möchte ich noch einmal betonen, dass ich dafür bin, dass Programmieren ein Pflichtfach wird, weil die Schüler und Schülerinnen dadurch viele Vorteile haben können.

Teilnehmende/-r 1
Ich bin derselben Meinung und ich möchte noch hinzufügen, dass Kenntnisse über die Technik dabei helfen können, besser mit der Technik umzugehen.

Prüfer/-in 1
Vielen Dank. Das war Teil 2. Wir sind am Ende der Prüfung angelangt.

Memo

Modelltest 2

정답 해설   듣기 지문

Lesen

Teil 1

1 c   2 b   3 a   4 d

5 b   6 d   7 c   8 c

9 a

Teil 2

10 f   11 c   12 h   13 a

14 e   15 g

Teil 3

16 c   17 a   18 b   19 a

20 c   21 b

Teil 4

22 c   23 h   24 b   25 e

26 g   27 f

Teil 5

28 f   29 h   30 e

Hören

Teil 1

1 Falsch   2 a   3 Falsch   4 c

5 Richtig   6 c   7 Richtig   8 a

9 Falsch   10 b

Teil 2

11 b   12 a   13 c   14 a

15 a   16 b

Teil 3

17 c   18 c   19 a   20 b

21 b   22 c

Teil 4

23 b   24 a   25 c   26 c

27 b   28 a   29 b   30 c

Schreiben

Beispiellösung

Teil 1

In den Städten ist es laut und die Luft ist verschmutzt. Autos haben einen großen Anteil an diesen Problemen zu verantworten. Zumindest die Innenstädte sollten den Menschen gehören, aber immer wieder werden Parks in Parkplätze umgewandelt, um mehr Platz für Autos zu schaffen.

Meiner Meinung nach wäre ein Fahrverbot von privaten Fahrzeugen eine gute Lösung für das Problem. Wenn keine Autos mehr in der Innenstadt fahren, gibt es weniger Luftverschmutzung, Lärm und Unfälle. So kann die Stadt ein sicherer Ort für Menschen werden. Zudem brauchen Autos viel Platz. Die breiten Straßen und Parkflächen können in Grünflächen umgewandelt werden und so kann das Klima noch besser geschützt werden.

Doch leider ist der öffentliche Verkehr in den meisten Städten nicht gut genug ausgebaut, um alle Autos zu ersetzen. Wenn aber das öffentliche Verkehrsnetz ausgebaut wird, wird es weniger Menschen geben, die auf das Auto angewiesen sind. Eine weitere Möglichkeit, den Verkehr zu reduzieren, ist ein Fahrverbot an bestimmten Tagen. So kann zum Beispiel das Wochenende autofrei werden.

Ich bin mir sicher, dass es in der Zukunft möglich ist, den Verkehr in der Innenstadt zu reduzieren und die Städte leiser und grüner zu gestalten.

(191 Wörter)

Teil 2

Sehr geehrte Frau Professor Herring,

ich schreibe Ihnen, weil ich leider nicht an Ihrem Seminar dieses Wochenende teilnehmen kann. Ich bin sehr stark erkältet und habe Kopfschmerzen. Mein Arzt hat mir eine Woche Bettruhe verschrieben. Zudem möchte ich niemanden im Kurs anstecken. Das Seminar ist allerdings eine Pflichtveranstaltung für meine Bachelorarbeit. Daher möchte ich Sie fragen, ob es möglich wäre, die Unterlagen zum Seminar zu bekommen und die Arbeit im Laufe der nächsten Woche abzugeben? Ich weiß, dass Sie sich noch um viele andere Studenten kümmern müssen. Ich bitte Sie dennoch, meine Situation zu berücksichtigen und mir, wenn möglich, die Unterlagen zuzusenden.

Vielen Dank im Voraus.

Mit freundlichen Grüßen
Vorname Nachname

(110 Wörter)

Sprechen

Einleitung

Prüfer/-in 1
Herzlich willkommen zur mündlichen Goethe-Zertifikat B2 Prüfung. Mein Name ist (Prüfer/-in 1) und das ist mein/-e Kollege / Kollegin (Prüfer/-in 2). Wie heißen Sie bitte?

Teilnehmende/-r 1
Mein Name ist (Teilnehmende/-r 1).

Prüfer/-in 1
Woher kommen Sie, Frau / Herr (Teilnehmende/-r 1)?

Teilnehmende/-r 1
Ich komme aus […] Ich bin schon seit […] in Deutschland und lerne seit […] Jahren Deutsch.

Prüfer/-in 1
Und wie heißen Sie?

Teilnehmende/-r 2
Mein Name ist (Teilnehmende/-r 2).

Prüfer/-in 1
Woher kommen Sie, Frau / Herr (Teilnehmende/-r 2)?

Teilnehmende/-r 2
Ich komme aus […] Ich bin schon seit […] in Deutschland und lerne seit […] Jahren Deutsch.

Prüfer/-in 1
Vielen Dank.

Teil 1

Prüfer/-in 1
Beginnen wir nun mit Teil 1. In Teil 1 halten Sie einen Vortrag und wir hören Ihnen zu und stellen Ihnen am Ende des Vortrags Fragen. Wer möchte denn beginnen?

Teilnehmende/-r 1
Ich möchte anfangen.

Prüfer/-in 1
Ok. Noch ein Tipp, bevor Sie beginnen. Sprechen Sie möglichst frei und strukturieren Sie Ihren Vortrag mit einer Einleitung, einem Hauptteil und einem Schluss.

Teilnehmende/-r 1
Ich spreche heute über das Thema „Gesunde Ernährung an Schulen". In einer Welt, die mit Fast Food und ungesundem Essen gefüllt ist, ist es wichtig, dass Kinder schon früh lernen, wie sie sich ernähren sollten.
Es gibt verschiedene Möglichkeiten, gesunde Ernährung den Schülern näher zu bringen. Zum Beispiel kann man gesundes Essen in der Kantine anbieten oder gesunde Snacks in der Schule bereitstellen. Es gibt auch die Möglichkeit im Unterricht über gesunde Ernährung zu sprechen. An Schulen mit Kochunterricht kann man auch mit den Schülern gesunde Gerichte zubereiten. Auch Eltern haben einen großen Einfluss auf die Ernährung der Kinder.
Nun möchte ich mich ein wenig genauer mit der Schulkantine auseinandersetzen. In vielen Schulkantinen werden besonders günstige Lebensmittel serviert. Günstige Lebensmittel sind aber meistens Fast Food. Andere Schulen bemühen sich, den Schülern gesunde Lebensmittel anzubieten. In manchen Ländern wird das Menü in den Schulkantinen auch vom Staat vorgeschrieben.
Ein Vorteil von gesunden Schulkantinen ist, dass Schüler zumindest einmal am Tag eine gesunde Mahlzeit bekommen. Vor allem für Kinder aus ärmeren Familien kann dies von großer Bedeutung für die Gesundheit sein.
Ein Nachteil von solchen Kantinen ist, dass die Schüler nicht selbst lernen, sich gesund zu ernähren. Schüler denken nicht viel über das Kantinenessen nach. Deshalb braucht man noch zusätzlichen Unterricht über gesunde Ernährung, damit die Schüler auch nach dem Abschluss ge-

sund leben können.
Ich denke dennoch, dass sich Schulkantinen bemühen sollten, gesundes Essen für die Schüler bereitzustellen. Vielen Dank für Ihre Aufmerksamkeit.

Prüfer/-in 1
Das war sehr interessant. Ich hätte noch eine Frage. Haben Sie in Ihrer Schulzeit auch in einer Kantine gegessen?

Teilnehmende/-r 1
Ja, ich habe immer zu Mittag in der Kantine gegessen. Das Essen war nicht sehr lecker, aber es war meistens gesund. Nur manchmal gab es auch ungesundes Essen.

Prüfer/-in 1
(Teilnehmende/-r 2), haben Sie auch eine Frage?

Teilnehmende/-r 2
Ich möchte gerne wissen, welche Rolle die Eltern bei der Ernährung in der Schule spielen. Die Eltern sind ja nicht in der Schule.

Teilnehmende/-r 1
Die Eltern können ihren Kindern gesunde Snacks mitgeben. Und in manchen Schulen gibt es keine Kantine, dann müssen die Eltern für das Mittagessen der Kinder sorgen. So können sie die Ernährung der Kinder in der Schule beeinflussen.

Prüfer/-in 1
Vielen Dank. (Teilnehmende/-r 2), wenn Sie bereit sind, können Sie mit Ihrem Vortrag beginnen. Auch für Sie noch einmal der Tipp: Sprechen Sie möglichst frei und strukturieren Sie Ihren Vortrag mit einer Einleitung, einem Hauptteil und einem Schluss.

Teilnehmende/-r 2
Seit einigen Jahren gibt es immer häufiger Online-Unterricht, vor allem die Pandemie hat den Bedarf an virtuellem Unterricht stark erhöht. Es gibt verschiedene Möglichkeiten, den Unterricht im Netz durchzuführen. So gibt es zum Beispiel Videochats, virtuelle Klassenzimmer im Metaversum, Livestreams, Videoaufnahmen oder auch schriftliches Feedback per E-Mail oder durch ein Forum. Viele Lehrer verwenden eine Kombination aus den Möglichkeiten.
Ich persönlich bevorzuge den klassischen Videounterricht und ein schriftliches Frage-Antwort-Forum. Videoaufnahmen haben viele Vorteile für Schüler. Zum einen sind sie zeit- und ortsunabhängig. Das heißt, man kann sich die Videos ansehen, wann und wo man möchte. Außerdem kann man sich die Videos so oft ansehen, wie man will. Wenn man etwas nicht beim ersten Mal versteht, kann man sich die Aufnahme noch einmal ansehen. Wenn man es dann immer noch nicht versteht, kann man eine Frage ins Forum schreiben. Ein Nachteil ist allerdings, dass man meistens etwas länger auf die Antworten warten muss. Zudem ist es schwer, sich jeden Tag zu motivieren, weil man den Unterricht alleine nach seinem eigenen Tempo machen kann. Außerdem ist so ein Unterricht nicht für jeden geeignet. Ich habe eine Familie und muss mich um meine Kinder kümmern. Es passiert jeden Tag etwas anderes, daher kann ich nicht an einem normalen Kurs teilnehmen. Für Menschen wie mich ist so ein Unterricht die einzige Möglichkeit, etwas Neues zu lernen. Und ich bin sehr froh, dass es diesen Unterricht gibt, aber der Online-Unterricht kann den Offline-Unterricht nicht zu 100 % ersetzen.

Prüfer/-in 1
Das war ein sehr interessanter Vortrag. Ich habe noch eine Frage an Sie. Was haben Sie zum Beispiel durch Videos gelernt?

Teilnehmende/-r 2
Ich habe sehr viel Deutsch durch Videos gelernt. Und ich habe auch viele Rezepte und Tipps für die Kindererziehung gelernt. Manchmal sehe ich mir auch Videos zu anderen Themen an, die mich interessieren.

Prüfer/-in 1
(Teilnehmende/-r 1), haben Sie auch eine Frage?

Teilnehmende/-r 1
Wie motivieren Sie sich zum Lernen?

Teilnehmende/-r 2
Ich kann nur lernen, wenn ich ein Ziel habe. Weil ich diese Prüfung bestehen möchte, habe ich in den letzten Monaten sehr fleißig gelernt. Ich denke, die beste Motivation ist eine Prüfung.

Prüfer/-in 1
Vielen Dank. Das war Teil 1.

Teil 2

Prüfer/-in 1
Beginnen wir nun mit Teil 2. In Teil 2 führen Sie gemeinsam eine Diskussion. Es geht um die Frage „Soll E-Sport olympisch werden?". Tauschen Sie Ihren Standpunkt und Ihre Argumente aus. Vergessen Sie nicht auf das Warum. Reagieren Sie auf die Argumente Ihrer Gesprächspartnerin / Ihres Gesprächspartners und fassen Sie am Ende zusammen: Sind Sie dafür oder dagegen?

Teilnehmende/-r 2
Heute müssen wir über die Frage, ob E-Sport olympisch werden soll, diskutieren. Bevor man darüber diskutieren kann, ob E-Sport olympisch werden soll, sollten wir uns die Frage stellen: Ist E-Sport überhaupt ein Sport?

Teilnehmende/-r 1
Diese Frage ist durchaus berechtigt, weil E-Sport ein wenig anders ist als traditioneller Sport. Aber die Spieler müssen genauso wie andere Sportler auch hart trainieren, um ihre Fähigkeiten zu erlangen. Sie müssen nicht nur eine schnelle Reaktionsfähigkeit, sondern auch mentale Stärke aufbauen. Daher bin ich der Meinung, dass auch E-Sport eine Sportart ist.

Teilnehmende/-r 2
Ich kann verstehen, dass auch Computerspiele viel Training brauchen, aber ich denke nicht, dass Training alleine etwas zu einer Sportart macht. Wir müssen auch andere Dinge, wie zum Beispiel Texte schreiben, trainieren. Trotzdem ist es kein Sport. Ich finde, man sollte E-Sport und anderen Sport unterscheiden, weil er stark von den Spieleentwicklern abhängig ist. Die Spielregeln und das Spielen selbst können sich sehr schnell ändern.

Teilnehmende/-r 1
Da haben Sie recht. Die Regeln von traditionellen Sportarten ändern sich nicht sehr schnell. Aber solange sich die Regeln für alle zum gleichen Zeitpunkt ändern, bleibt der Sport auch fair.

Teilnehmende/-r 2
Das mag sein, aber das Equipment, also der Computer, die Maus und so weiter, haben einen großen Einfluss auf das Ergebnis. So können sich reiche Teams und Länder die besten Computer kaufen und die anderen müssen hilflos zusehen.

Teilnehmende/-r 1
Die Ausrüstung spielt bei E-Sport natürlich eine große Rolle. Aber auch bei traditionellen Sportarten spielt die Ausrüstung eine entscheidende Rolle. Von den Ski bis zur Schwimmmütze beeinflusst alles das Ergebnis. Natürlich braucht man Regulierungen bei den Olympischen Spielen, um einen zu großen Unterschied zu vermeiden. Aber solche Regelungen gibt es überall.

Teilnehmende/-r 2
Selbst mit Regulierungen haben die Spieleentwickler einfach zu viel Einfluss auf das Spiel. Zudem gibt es unendlich viele Computerspiele und es können nicht alle Spiele olympisch werden. Daher stellt sich die Frage: Welche Spiele sollen aufgenommen werden und wer entscheidet das?

Teilnehmende/-r 1
Auch das ist eine gute Frage. Die einfachste Lösung wäre, die Fans zu fragen. Es gibt aber auch schon einige Turniere für verschiedene Computerspiele. Man könnte auch von diesen Turnieren das Bekannteste nehmen und mit diesem Spiel anfangen.

Teilnehmende/-r 2
Vielleicht könnte man aber auch ein E-Olympia-Turnier gestalten und es nicht mit den traditionellen Sportarten vermischen.
Auch nach längerer Diskussion bin ich nämlich nicht davon überzeugt, dass E-Sport olympisch werden soll, aber E-Sport kann durchaus ein echter Sport sein.

Teilnehmende/-r 1
Auch ich halte an meiner Meinung fest, dass E-Sport olympisch werden soll. Aber ich denke, bevor man etwas überstürzt, sollte man über die genauen Regeln diskutieren und verhandeln. Wenn E-Sport olympisch wird, gibt es die Möglichkeit, eine neue Generation von Sportfans für sich zu gewinnen.

Prüfer/-in 1
Vielen Dank. Das war Teil 2. Wir sind am Ende der Prüfung angelangt.

Memo

Modelltest 3

정답 해설   듣기 지문

Lesen

Teil 1

1 c   2 b   3 c   4 d
5 a   6 c   7 d   8 b
9 d

Teil 2

10 d   11 f   12 g   13 b
14 e   15 a

Teil 3

16 c   17 a   18 a   19 c
20 b   21 a

Teil 4

22 g   23 e   24 f   25 d
26 h   27 c

Teil 5

28 g   29 a   30 d

Hören

Teil 1

1 Richtig   2 b   3 Richtig   4 a
5 Falsch   6 c   7 Falsch   8 c
9 Falsch   10 a

Teil 2

11 a   12 b   13 b   14 c
15 c   16 b

Teil 3

17 b   18 b   19 a   20 c
21 a   22 a

Teil 4

23 c   24 b   25 c   26 a
27 b   28 a   29 c   30 a

Schreiben

Beispiellösung

Teil 1

Angestellte verbringen den Großteil ihres Tages auf der Arbeit. Daher ist es für die Gesundheit der Arbeiter meiner Meinung nach wichtig, sich am Arbeitsplatz wohl zu fühlen. Ein wichtiger Faktor dafür ist die Stimmung am Arbeitsplatz.

Es gibt viele Faktoren, die das Arbeitsklima beeinflussen. Meiner Auffassung nach sind die wichtigsten Faktoren Wertschätzung und Kommunikationsfähigkeit. Durch Wertschätzung weiß man als Arbeitnehmer, dass man gute Arbeit leistet und wenn man gelobt wird, ist man glücklicher. Die Kommunikationsfähigkeit ist vor allem bei Konflikten notwendig. Wenn einmal etwas nicht perfekt läuft, ist es wichtig, dass man darüber sprechen kann.

Ein besseres Arbeitsklima kann man schaffen, indem man genügend Personal einstellt. Wenn man mit Arbeit überlastet ist, ist man sehr gestresst und Stress ist nicht gut für das Arbeitsklima. Gibt es genügend Angestellte, kann die Arbeit aufgeteilt werden und die Angestellten sind weniger gestresst. Außerdem muss man die Angestellten angemessen bezahlen. Eine angemessene Bezahlung erlaubt es den Arbeitnehmern ein bequemes Leben zu führen und sie können sich besser auf die Arbeit konzentrieren.

In vielen Firmen muss noch am Arbeitsklima gearbeitet werden, aber mit dem richtigen Management sollte es möglich sein, in jeder Firma ein gesundes Arbeitsklima zu haben.

(193 Wörter)

Teil 2

Sehr geehrter Herr Emmerich,

ich schreibe Ihnen, weil in zwei Wochen das neue Semester beginnt und mein Stundenplan sich geändert hat. Leider habe ich zwei wichtige Lehrveranstaltungen zu meinen gewohnten Arbeitszeiten, mittwochs und freitags. Ich weiß, dass Freitage immer sehr stressige Tage sind, deshalb habe ich schon mit meinem Kollegen Fabian gesprochen. Er hat gesagt, er könne seine Schichten mit meinen tauschen. Ich würde dann dienstags und samstags arbeiten. Ich weiß, dass Fabian noch nicht so lange arbeitet wie ich, aber er hat sich schon sehr verbessert und ich bin mir sicher, dass er mich sehr gut vertreten kann.
Ich würde gerne weiterhin für Sie arbeiten und bitte Sie um Verständnis für meine Situation.

Vielen Dank im Voraus.

mit freundlichen Grüßen
Vorname Nachname

(120 Wörter)

Sprechen

Einleitung

Prüfer/-in 1
Herzlich willkommen zur mündlichen Goethe-Zertifikat B2 Prüfung. Mein Name ist (Prüfer/-in 1) und das ist mein/-e Kollege / Kollegin (Prüfer/-in 2). Wie heißen Sie bitte?

Teilnehmende/-r 1
Mein Name ist (Teilnehmende/-r 1).

Prüfer/-in 1
Woher kommen Sie, Frau / Herr (Teilnehmende/-r 1)?

Teilnehmende/-r 1
Ich komme aus […] Ich bin schon seit […] in Deutschland und lerne seit […] Jahren Deutsch.

Prüfer/-in 1
Und wie heißen Sie?

Teilnehmende/-r 2
Mein Name ist (Teilnehmende/-r 2).

Prüfer/-in 1
Woher kommen Sie, Frau / Herr (Teilnehmende/-r 2)?

Teilnehmende/-r 2
Ich komme aus […] Ich bin schon seit […] in Deutschland und lerne seit […] Jahren Deutsch.

Prüfer/-in 1
Vielen Dank.

Teil 1

Prüfer/-in 1
Wir beginnen nun mit Teil 1. In Teil 1 halten Sie einen Vortrag und wir hören Ihnen zu. Am Ende stellen wir Ihnen ein paar Fragen zum Vortrag. Wer möchte denn beginnen?

Teilnehmende/-r 1
Ich kann anfangen.

Prüfer/-in 1
Ok. Noch ein Tipp, bevor Sie beginnen. Sprechen Sie möglichst frei und strukturieren Sie Ihren Vortrag mit einer Einleitung, einem Hauptteil und einem Schluss.

Teilnehmende/-r 1
Ok. Vielen Dank.
Das Thema Energiesparen im Alltag ist aufgrund der hohen Energiekosten und des Klimawandels ein sehr aktuelles Thema. Es gibt verschiedene Möglichkeiten, weniger Energie zu verwenden. Heutzutage lassen wir viele Geräte immer im Standby-Modus. Aber auch der Standby-Modus verbraucht Energie. Deswegen kann man zum Beispiel die Geräte ausschalten. Außerdem kann man Wäsche bei einer niedrigeren Temperatur waschen und immer einen Deckel beim Kochen verwenden. Das spart sehr viel Energie.
Aber die meiste Energie verbrauchen wir beim Heizen oder Kühlen der Wohnräume. Um weniger Energie zu verbrauchen, kann man zum Beispiel auf eine Klimaanlage verzichten. Stattdessen kann man die Wohnung auf anderen Wegen kühl halten. Wenn man tagsüber die Fenster und Rollos geschlossen hält, kommt nicht so viel Wärme in die Wohnung. Und wenn es gegen Abend kühler wird, kann man die Fenster wieder öffnen. So kommt man auch ohne Klimaanlage durch den Sommer.
Man spart damit nicht nur Energie, sondern auch Geld. Zudem werden manche Menschen von zu großen Temperaturunterschieden krank. Ohne Klimaanlage kann das nicht passieren. Ein großer Nachteil ist, dass es vielleicht trotzdem sehr heiß in der Wohnung werden kann, weil es manchmal auch in der Nacht sehr heiß ist. Aber wenn wir nicht fleißig Energie sparen, wird es bald noch viel heißer. Deshalb bin ich der Meinung, dass jede Einsparung positiv ist.

Prüfer/-in 1
Das war sehr interessant. Ich hätte noch eine Frage. Und zwar: Wie kann man sich im Winter ohne Heizung warm halten?

Teilnehmende/-r 1
In Deutschland wird es im Winter manchmal sehr kalt. Deshalb sollte man ein bisschen heizen, aber man muss nicht viel heizen. Wenn es sehr kalt ist, kann man sich noch einen Pullover anziehen.

Prüfer/-in 1
(Teilnehmende/-r 2), haben Sie auch eine Frage?

Teilnehmende/-r 2
Ja, ich habe auch noch eine Frage. Halten Sie sich selbst an all Ihre Tipps?

Teilnehmende/-r 1
Wenn ich ehrlich bin, nein. Ich schalte mein Handy nie aus. Aber sonst versuche ich sehr sparsam zu sein. Ich habe keine Klimaanlage und auch im Winter versuche ich wenig zu heizen.

Prüfer/-in 1
Vielen Dank. (Teilnehmende/-r 2), wenn Sie bereit sind, können Sie mit Ihrem Vortrag beginnen. Auch für Sie noch einmal der Tipp: Sprechen Sie möglichst frei und strukturieren Sie Ihren Vortrag mit einer Einleitung, einem Hauptteil und einem Schluss.

Teilnehmende/-r 2
Ich spreche heute über das Thema „Moderne Partnersuche". Mit der technischen Entwicklung hat sich auch die Partnersuche stark verändert. Zum Beispiel gibt es viele verschiedene Dating-Apps, Online-Partnerbörsen und Online-Interessengruppen. Aber manche Menschen finden ihre Partner auch noch auf traditionelle Weise. Sie treffen potentielle Partner durch gemeinsame Freunde, auf der Uni oder im Sportverein.
Ich möchte heute ein wenig genauer auf Online-Interessensgruppen eingehen. Bei Interessengruppen steht nicht die Partnersuche im Vordergrund, sondern das Augenmerk wird darauf gelegt, Menschen mit ähnlichen Interessen zu verbinden. Aber auch bei der Partnersuche sind ähnliche Interessen von Bedeutung. Zudem kann man sich in einer Interessengruppe zuerst kennenlernen, bevor man auf ein Date geht. Dadurch hat man mehr Zeit eine Beziehung zu entwickeln und Vertrauen zur anderen Person aufzubauen.
Ein Vorteil dieses Kennenlernens ist, dass man sich in regelmäßigen Abständen trifft, um etwas gemeinsam zu machen. Da man in solchen Gruppen normalerweise auch etwas unternimmt oder ein spezielles Gesprächsthema hat, muss man sich keine Sorgen um die Konversation machen. Deshalb ist diese Art der Partnersuche ideal für schüchterne Menschen.
Ein Nachteil ist, dass die andere Person vielleicht gar kein Interesse an einer Beziehung hat, sondern nur ihrem Hobby nachgehen will. Auf Dating-Apps sind die Absichten meist gleich von Anfang an klar. Also ist diese Art nicht geeignet für Menschen, die unbedingt eine Beziehung eingehen wollen.
Ich selbst bin aber der Meinung, dass es trotzdem die beste moderne Art der Partnersuche ist und man kann auf diesem Weg gleichzeitig viele Freunde kennenlernen.

Prüfer/-in 1
Das war ein sehr interessanter Vortrag. Ich habe noch eine Frage an Sie. Haben Sie selbst schon einmal eine Interessengruppe ausprobiert?

Teilnehmende/-r 2
Ja, ich habe es selbst schon einmal ausprobiert. Ich habe zwar keinen Partner gefunden, aber ich habe viele neue Freunde kennengelernt und ich konnte mein Hobby ausleben. Selbst wenn man die Liebe nicht findet, kann es sehr viel Spaß machen.

Prüfer/-in 1
(Teilnehmende/-r 1), haben Sie noch eine Frage?

Teilnehmende/-r 1
Ja, ich würde gerne fragen, ob Sie auch negative Erfahrungen mit solchen Gruppen gemacht haben.

Teilnehmende/-r 2
Leider ja. Aber es war nicht so schlimm. Die Gruppe hat einfach nicht gut zu mir gepasst. Also bin ich nur einmal hingegangen und habe danach die Gruppe verlassen. Es war also trotzdem kein großes Problem.

Prüfer/-in 1
Vielen Dank. Das war Teil 1.

Teil 2

Prüfer/-in 1
Beginnen wir nun mit Teil 2. In Teil 2 führen Sie gemeinsam eine Diskussion. Es geht um die Frage „Soll die Null-Promille-Grenze im Straßenverkehr gelten?". Tauschen Sie Ihren Standpunkt und Ihre Argumente aus. Vergessen Sie nicht auf das Warum. Reagieren Sie auf die Argumente Ihrer Gesprächspartnerin / Ihres Gesprächspartners und fassen Sie am Ende zusammen: Sind Sie dafür oder dagegen?

Teilnehmende/-r 1
Was denken Sie zur Frage, ob die Null-Promille-Grenze im Straßenverkehr gelten sollte?

Teilnehmende/-r 2
Ich bin der Meinung, dass die Null-Promille-Grenze auch in Deutschland eingeführt werden sollte. Es gibt schon einige andere Länder, die eine solche Grenze haben. Auch in meinem Heimatland gibt es diese Grenze. Seit Autofahrer gar keinen Alkohol mehr trinken können, gibt es auch deutlich weniger Unfälle. Wie sehen Sie die Sache?

Teilnehmende/-r 1
In Deutschland geht die Zahl der Unfälle auch ohne Null-Promille-Grenze zurück. Es ist ein Teil der Kultur, beim Abendessen ein Glas Wein oder Bier zu trinken. Ich denke es ist unwahrscheinlich, dass man in Deutschland so eine Regelung durchführen kann. Zudem finde ich, dass null Promille zu streng ist.

Teilnehmende/-r 2
Sie haben recht. In Deutschland sind die Unfälle zurückgegangen, aber wenn man eine Null-Promille-Grenze einführt, können die Unfälle noch weiter zurückgehen. Schon eine kleine Menge an Alkohol beeinflusst unseren Körper. Wir sehen zum Beispiel schlechter, sind weniger aufmerksam und reagieren langsamer. Daher gibt es auch Unfälle, wenn man „nur" 0,3 Promille im Blut hat.

Teilnehmende/-r 1
Es stimmt natürlich, dass Alkohol unseren Körper beeinflusst. Aber viele erfahrene Fahrer müssen nicht so aufmerksam sein, weil das Autofahren bei ihnen automatisch geht. Außerdem kann man auch Alkohol im Blut haben, wenn man Obst gegessen hat. Daher ist eine Null-Promille-Grenze utopisch und lässt sich nicht umsetzen.

Teilnehmende/-r 2
Diesen Punkt muss man natürlich bei der Regelung berücksichtigen. Wenn man zum Beispiel die Grenze auf 0,1 Promille herabsetzt, werden solche Fälle auch abgedeckt. Die genaue Grenze sollte mit Wissenschaftlern abgeklärt werden. Aber es ist sehr schwer, den eigenen Blutalkohol und die Fahrtüchtigkeit einzuschätzen, besonders nachdem man etwas getrunken hat. Da ist es einfacher, wenn man weiß, dass man nichts trinken darf.

Teilnehmende/-r 1
In diesem Punkt muss ich Ihnen zustimmen. Man kann sich nur schwer selbst einschätzen. Daher bin ich der Auffassung, dass Erfahrung wichtig ist. Fahranfänger sollten keinen Alkohol trinken, aber erfahrene Fahrer kennen ihr Limit besser. Meiner Meinung nach ist die Wirkung von Medikamenten viel schwieriger einzuschätzen. Denn jedes Medikament wirkt anders, aber Alkohol wirkt meistens ähnlich.

Teilnehmende/-r 2
Ja, Medikamente und Drogen am Steuer sind auch ein Problem, das dringend geklärt werden soll. Vor allem Medikamente, die schläfrig machen, sind eine große Gefahr. Aber auch andere Ablenkungen, wie Kinder und laute Musik, behindern das Fahren.

Teilnehmende/-r 1
Aber man kann schlecht Kinder aus dem Auto verbannen.

Teilnehmende/-r 2
Da haben Sie recht.

Teilnehmende/-r 1
Alles in allem bin ich der Meinung, dass eine Null-Promille-Grenze zu streng ist. Wenn man allerdings zeigen kann, dass die Zahl der Unfälle noch weiter sinken kann, bin ich auch für eine niedrigere Grenze.

Teilnehmende/-r 2
Zusammenfassend möchte ich noch einmal sagen, dass ich für die Null-Promille-Grenze im Straßenverkehr bin. Ich denke auch, dass diese Regelung für Mopedfahrer und Radfahrer gelten sollte.

Prüfer/-in 1
Vielen Dank. Das war Teil 2. Wir sind am Ende der Prüfung angelangt.